THEATRE. - NOUVELLE SÉRIE. — N° 49

LA PETITE ILLUSTRATION

ROMAN — THÉATRE

Revue hebdomadaire

PUBLIANT DES ROMANS INÉDITS ET LES PIÈCES NOUVELLES JOUÉES DANS LES THÉATRES DE PARIS

1680 COMEDIE-FRANÇAISE 1921

SOIRÉE

Les Bureaux ouvriront à 8 h. 1/4 — On commencera à 8 h. 3/4

Rentrée de Mlle SIMONE

LE PASSÉ

Pièce en QUATRE Actes, en prose, de M. GEORGES DE PORTO-RICHE

MM. RAPHAEL DUFLOS	François Prieur
ANDRÉ BRUNOT	Bracony
DESJARDINS	Maurice Arnault
CHARLES GRANVAL	Réhopé
PAUL NUMA	Mariette
Mmes VALPREUX	Antoinette Bellangé
CATHERINE FONTENEY	Odile
SIMONE	Dominique Brienne

PRIX DES PLACES.

(Location et Bureau) — [illegible]

[illegible]

Location de 11 heures du matin à 6 heures du soir — Téléphone Gutenberg [illegible] à partir de midi

Imprimerie [illegible], [illegible] avenue d'Orléans. Paris

Aucun numéro de LA PETITE ILLUSTRATION ne doit être vendu sans le numéro de L'ILLUSTRATION portant la même date.

ABONNEMENT ANNUEL

(L'Illustration et *La Petite Illustration* réunies)

France et Colonies . . . 120 francs — Étranger. . . . . 160 francs

13, rue SAINT-GEORGES, PARIS (9e).

Mariotte. Dominique. Béhopé. Bracony. Maurice.

Scène de l'acte premier (*page 5*).

Le Passé, à la Comédie-Française.

Est-ce que les critiques en fonction dans les grands journaux ou dans les revues importantes à l'époque de la première représentation de la plupart des œuvres de M. Georges de Porto-Riche, c'est-à-dire il y a environ un quart de siècle, étaient plus sévères que les critiques d'aujourd'hui? N'est-ce pas plutôt qu'imbus des traditions du vieux théâtre fortement charpenté, soumis aux règles des préparations et à l'obligation de l'intrigue solidement nouée, plus ou moins ingénieusement dénouée, ils étaient déroutés par cet art alors si nouveau, si foncièrement personnel, sans robuste ossature mais tout en nerfs et en artères et où la vie frémissait au moindre souffle ?

Il est, en tout cas, indiscutable que certains d'entre eux ne se rendirent pas compte de la place que prendraient les pièces de M. de Porto-Riche dans le théâtre contemporain. Les écrivains d'avant-garde, au contraire — dont deux, entre autres, très représentatifs : Henry Bauer en 1897, Lucien Muhlfeld en 1902 — découvrirent la valeur originale et pressentirent la portée de ces œuvres. Et M. de Porto-Riche put souffrir de ce que leur première série de représentations n'atteignit pas ce nombre élevé auquel parvenaient aisément les plus banales productions de ses contemporains. Mais il lui serait difficile pourtant de se plaindre de l'injustice du sort. Car, à chaque reprise de ses pièces, et il n'est pas d'auteur dont les pièces aient été plus souvent reprises, l'opinion de la critique et du public se faisait plus favorable.

Si, par exemple, nous prenons le premier volume de son « Théâtre d'Amour » (1), nous constatons que, des quatre pièces qui le composent : *l'Infidèle*, *la Chance de Françoise*, *Amoureuse*, *le Passé,* toutes ont été plusieurs fois reprises, les trois premières dans quatre, cinq et même six théâtres différents et que, finalement, trois d'entre elles, les trois dernières, sont entrées au répertoire de la Comédie-Française. Rare consécration. Et deux de ces pièces, *Amoureuse* et *le Passé*, figurent maintenant dans notre collection avec *le Vieil Homme*, *Un drame sous Philippe II* et *les Malefilâtre*.

Il faut convenir du reste que *le Passé*, précisément la plus typique de ces œuvres, n'obtint pas d'abord, en 1897, un accueil en rapport avec son importance et sa valeur. Le soir de sa première représentation, à l'Odéon, on avait l'imagination encore étourdie par la révélation de *Cyrano* qui avait eu lieu trois soirs auparavant à la Porte-Saint-Martin ; les oreilles tintinnabulaient de rimes prestigieusement lancées, les yeux restaient éblouis de décors fastueux.

(1) Vient de paraître en édition nouvelle (Ollendorff, 12 fr.; édition de luxe sur hollande, 60 francs).

On était donc mal préparé à l'œuvre que voici toute de force intérieure et de pénétration subtile. Par surcroît, son interprétation, au moins celle des rôles accessoires, fut alors si lourde et si molle que certains critiques ne surent pas discerner la qualité d'un texte souple et fin, aigu et pur comme la lame d'un fleuret. A cette époque, *L'Illustration* n'avait pas inauguré sa publication régulière de pièces de théâtre : celle-ci eût été, par la lecture, tout de suite remise à son plan supérieur.

***

Si nous nous en tenions à la revue de la presse actuelle, nous verrions, au contraire, toute la critique de nos jours reconnaître en M. de Porto-Riche un des maîtres qui eurent, sur le théâtre moderne, la plus évidente et la plus directe influence. Mais, pour une œuvre à laquelle un quart de siècle n'a rien enlevé de sa radio-activité et qui se place ainsi déjà parmi les plus vivantes de nos demi-classiques, — en attendant qu'un recul plus grand permette à nos successeurs, soit de la maintenir à cette hauteur, soit, en toute certitude, de l'élever encore, — il est intéressant de voir comment elle s'est peu à peu dégagée de la surprise et de l'incompréhension premières pour s'établir dans l'estime et dans l'admiration les mieux éclairées.

Parcourons les grands organes dont

Voir la suite à l'avant-dernière page de la couverture.

GEORGES DE PORTO-RICHE

LE PASSÉ

COMÉDIE EN QUATRE ACTES

A LISOTTE,
SON MARI.
G. DE P.-R.

Le Passé, *représenté pour la première fois, le 30 décembre 1897, au Théâtre national de l'Odéon, a été repris à la Comédie-Française, le 2 juillet 1902, et sur la même scène, le 18 avril 1921.*

PERSONNAGES

	Odéon. 1897	Théâtre-Français. 1902	Théâtre-Français. 1921
François Prieur	MM. CANDÉ.	MM. R. DUFLOS.	MM. R. DUFLOS.
Mariotte	COSTE.	TRUFFIER.	NUMA.
Maurice Arnault	LAMBERT.	H. MAYER.	DESJARDINS
Bracony	DECORI.	LAUGIER.	BRUNOT.
Béhopé	PRINCE.	RAVET.	GRANVAL.
Dominique Brienne	Mmes R. SISOS.	Mmes M. BRANDÈS.	Mmes SIMONE.
Antoinette Bellangé	CERNY.	MULLER.	VALPREUX.
Odile	DEHON.	L'HERBAY.	FONTENAY.

De nos jours. Le premier et le deuxième actes à Paris, les autres à la campagne.

LE PASSÉ

ACTE PREMIER

Intérieur d'artiste. Meubles anciens, bibelots, livres, etc. Grande cheminée au fond, porte à gauche. Sur le devant de la scène, un buste inachevé ; à droite, un piano ouvert.

Scène première

MARIOTTE, BRACONY, BEHOPE

Le premier est au piano, le second dessine, le troisième feuillette des livres.

BÉHOPÉ. — *Cœur d'actrice, Michel Teissier, le Désastre.* Elle reçoit tout ce qui paraît.

MARIOTTE. — La gloire!

BRACONY. — Et la plupart sont déjà coupés, mon petit.

MARIOTTE. — Le jour elle travaille, et le soir elle se couche avec un livre.

BRACONY. — Elle peut en choisir un nouveau tous les soirs, ce n'est pas compromettant.

BÉHOPÉ. — En attendant, je ne trouve pas mes épreuves.

BRACONY. — Comment! tu vas encore nous offrir quelque chose?

BÉHOPÉ. — Un roman dialogué.

BRACONY. — Quel confrère imites-tu, cette fois?

BÉHOPÉ. — Celui qui actuellement a le plus de succès.

BRACONY. — Bravo! voilà au moins une musique amoureuse.

MARIOTTE, cessant de jouer. — Je suis fatigué.

BRACONY. — C'est de toi ce que tu joues là?

MARIOTTE. — Non.

BRACONY, à Mariotte. — J'en étais sûr, je n'aurais pas crié bravo, que tu continuais.

MARIOTTE. — Avec ça que tu chéris la peinture des camarades!

BRACONY. — Mon Dieu... Celle qui ne se vend pas.

BÉHOPÉ, cherchant. — Où diable ai-je fourré ces papiers?

Il se heurte contre le buste.

MARIOTTE. — Doucement, un peu plus tu brisais la tête de Maurice.

BÉHOPÉ. — Un si joli morceau, et un si brave homme! Ç'eût été dommage.

MARIOTTE, effleurant le buste sans le vouloir. — Salissant, le brave homme.

BÉHOPÉ. — Il gêne la circulation.

Il dérange la selle.

BRACONY. — Gare à vous, quand Dominique rentrera! Elle n'aime pas qu'on mette de l'ordre dans son atelier.

MARIOTTE, consultant sa montre. — Cinq heures. Et elle n'est pas encore là?

BÉHOPÉ, désignant le buste. — Elle devait déjeuner avec lui à Saint-Cloud.

Scène II

LES MÊMES, MAURICE

MARIOTTE. — Ah! voilà Maurice.

MAURICE. — Mme Brienne n'est pas rentrée?

BÉHOPÉ. — Non.

BRACONY. — Pourquoi ne dites-vous pas Dominique, comme nous?

MARIOTTE. — Parce qu'il l'aime, parbleu!

BRACONY. — Si j'avais su, je ne l'aurais pas introduit dans la maison.

BÉHOPÉ. — Pauvre Dominique, te rappelles-tu le soir où nous sommes allés la chercher? Dans quel état misérable elle était!

MAURICE. — Hein? Ce jour-là, j'ai eu raison d'être médecin.

BRACONY. — Huit ans déjà!

MAURICE. — Je n'ai jamais assisté à un pareil désespoir.

BÉHOPÉ. — Elle voulait se détruire.

MAURICE. — Heureusement, la santé de son cœur est tout à fait rétablie.

BRACONY. — C'est égal, la guérison a été lente.

MAURICE, vivement. — En vérité, certains hommes sont impardonnables! Rencontrer sur sa route une créature ausi parfaite, aussi noble, et ne pas interrompre ses extravagances, continuer ses exploits!...

BÉHOPÉ. — Et la quitter dare-dare par-dessus le marché.

BRACONY, à Maurice. — Dites donc, le moraliste, qu'avez-vous fait d'elle depuis le déjeuner?

Mariotte, qui s'était tenu un peu à l'écart, se rapproche de leur groupe.

MAURICE. — Je l'ai laissée boulevard de Clichy, vers deux heures.

MARIOTTE. — A la porte d'un marchand de curiosités?

MAURICE. — Bien entendu.

MARIOTTE, prêt à sortir. — Alors, elle n'est pas près de rentrer...
BÉHOPÉ. — Tu as un rendez-vous?
MARIOTTE. — A l'étage au-dessous, chez Becker.
BÉHOPÉ. — Encore!
MAURICE. — Avec Mme Cordier?
MARIOTTE. — Elle pose pour lui.
MAURICE. — Pour Becker, le peintre?
BÉHOPÉ. — Il demeure dans la maison.
BRACONY. — Pas de talent, ce Becker, mais toujours des commandes.
MARIOTTE, s'examinant. — Ai-je encore de la terre?
BÉHOPÉ. — Non. (Avec admiration.) Qui t'a fabriqué cette jaquette?
MARIOTTE. — Guiraud.
BÉHOPÉ. — Tu permets que je me commande la pareille?
MARIOTTE. — A ton aise.
BRACONY. — Voyons, Béhopé, ce genre de vêtement ne te convient pas. Mariotte a l'air d'une grande Anglaise et toi, tu es soufflé comme une brioche : tu imites, sans discernement, l'Instar; méfie-toi.
BÉHOPÉ. — Ne m'appelle pas l'Instar, ça m'ennuie.
BRACONY. — Je t'appelle l'Instar, parce que tu singes toujours quelqu'un.
MAURICE. — C'est vous qui lui avez donné ce nom-là?
BRACONY. — C'est un ancien camarade à nous, un monsieur qui ne vous est pas très sympathique, je crois.
MARIOTTE. — Qui donc?
BRACONY. — Un homme pour lequel tu professes une sainte admiration.
MARIOTE. — Artiste?
BRACONY. — En amour.
MARIOTTE. — François?
MAURICE. — M. Prieur?
BRACONY. — Vous y êtes.
MARIOTTE. — Tiens, justement je l'ai rencontré ce matin devant la Madeleine.
BÉHOPÉ. — Et moi hier, devant la gare Saint-Lazare.
MAURICE. — Retour de Londres?
BRACONY. — Toujours beau?
BÉHOPÉ. — Un peu déplumé.
MARIOTTE. — Artiste?
BRACONY, à Béhopé qui est chauve. — Lui aussi.
MARIOTTE. — Tenez-vous sur vos gardes, mon petit docteur; M. Prieur commence à se lasser de l'Angleterre.
BRACONY. — Comme il s'était lassé du Tonkin et du métier militaire.
MAURICE. — Ce n'est pas moi qui l'ai nommé secrétaire d'ambassade.
BÉHOPÉ. — Voilà près de six ans qu'il est là-bas.
MARIOTTE. — Fichtre!
BRACONY. — Si l'on me condamnait à vivre six ans au bord de la Tamise, je me jetterais dans la Seine.
MARIOTTE. — Qu'est-ce qu'il t'a dit de neuf devant la gare Saint-Lazare?
BÉHOPÉ. — Qu'il allait à Chaville...
BRACONY. — Chez sa mère.
MARIOTTE. — Il passe presque tous ses congés chez elle, à la campagne.
BRACONY. — Depuis ses baccarats désastreux, il n'a même plus de pied-à-terre à Paris.
MARIOTTE. — Détrompe-toi.
MAURICE. — Ah!
MARIOTTE, d'un ton confidentiel. — Pour ma part, je lui connais certaine petite maison, dans un coin...
MAURICE, vivement. — Dans le quartier?
MARIOTTE. — Une petite maison basse, enveloppée de feuillage...
BRACONY. — Une petite maison?...
BÉHOPÉ. — Pour?...
MARIOTTE. — Justement.
BÉHOPÉ, désignant Dominique. — Chut!

Scène III

BRACONY, MAURICE, BEHOPE, MARIOTTE, DOMINIQUE, ODILE

DOMINIQUE, des bibelots dans les mains, entrant brusquement, suivie d'Odile. — Plus tard, je n'ai pas le temps.
ODILE. — Voyons, Dominique, elle se morfond depuis une heure.
DOMINIQUE. — Dis que j'ai modèle. D'abord, c'est la vérité.
MAURICE. — Et si ce n'était pas la vérité?
DOMINIQUE. — Eh bien, j'aurais un petit mensonge sur la conscience.
MAURICE. — Oh! sa conscience!
DOMINIQUE. — Je tiens beaucoup à son approbation.
ODILE. — Si tu la recevais, Dominique? C'est une malheureuse.
DOMINIQUE. — Elle m'ennuie. Je lui ai déjà donné dix fois.
ODILE. — Bon, bon, je vais la renvoyer.
DOMINIQUE. — Quel bureau de bienfaisance que cette Odile! Tiens, voilà vingt francs pour elle. Mais qu'elle ne s'avise pas de reparaître, je la fais arrêter. Ouf, je n'en peux plus.
Elle tombe assise.
MAURICE. — Encore des bibelots!
BÉHOPÉ. — Qu'est-ce que vous rapportez là?
DOMINIQUE. — Quelques médailles du quinzième.
BRACONY. — Combien avez-vous payé ça?
DOMINIQUE. — Trois cents francs.
BRACONY. — Quel vol!
DOMINIQUE. — Rapiat!
BRACONY. — Tiens! une clef ancienne?
DOMINIQUE. — Une clef François Ier, mon vieux. Elle vient de la cathédrale de Bourges.
BÉHOPÉ. — On vous l'a dit.
MAURICE. — Elle est bonne, cette aquarelle?
BÉHOPÉ. — Je ne vois pas de signature.
DOMINIQUE. — A qui pourrait-on l'attribuer?
BRACONY. — Moi, je l'attribuerais... à la malveillance.
DOMINIQUE. — Jaloux!... Odile, pose-moi ce butin sur la table.
ODILE. — Ton manteau est déchiré, tu sais.
DOMINIQUE. — Bah!
BRACONY. — Comme elle est fagotée!
DOMINIQUE. — Voilà qui m'est indifférent! Qui voulez-vous qui fasse attention à moi, mes enfants? Je ne compte plus, j'ai trente-huit ans.
BRACONY. — Trente-huit ans, l'âge de l'amour à Paris.
BÉHOPÉ. — Depuis la Révolution.
DOMINIQUE. — Sous l'ancien régime, une femme était finie à vingt-cinq ans.

MARIOTTE. — Mais, sous la République, elle bat son plein à quarante.

DOMINIQUE. — Alors, vive la République!

BÉHOPÉ. — Rassurez-vous, le jour où vous seriez tentée de faire une bêtise, vous ne resteriez pas longtemps dans l'embarras.

DOMINIQUE. — Oh! évidemment, je ne serais pas en peine de rencontrer un petit monsieur pressé d'entrer à l'Institut...

MAURICE. — Vous vous calomniez.

DOMINIQUE. — Quelque bel artiste qui me tromperait avec enthousiasme et me reprocherait mon âge sur l'oreiller. Merci.

MARIOTTE. — Et moi?

BÉHOPÉ. — Et nous?

BRACONY, désignant Maurice. — Et lui?

DOMINIQUE, aux autres. — Hélas! la jeunesse de mon cœur contraste avec la gravité de ma personne. Mais regardez-moi donc, j'ai l'air d'une vieille tragédienne.

BRACONY. — As-tu fini, Rachel?

DOMINIQUE. — Bah! qu'est-ce que ça fiche de vieillir quand on a un bon cerveau?

BÉHOPÉ. — Et du talent.

MAURICE. — Et des amis fidèles.

DOMINIQUE. — Après tout, ce n'est pas si vilain que ça d'avoir des cheveux blancs. D'abord, il n'y en a plus.

MAURICE. — C'est vrai tout de même : ce qu'on appelait autrefois une vieille dame a disparu de la circulation.

DOMINIQUE. — Regardez dans une salle de théâtre, vous ne découvrirez que des cheveux jaunes.

BRACONY. — Et de grosses poitrines.

BÉHOPÉ. — Plus maintenant.

DOMINIQUE. — Baste! passons à un autre exercice. Hop! grimpez là-dessus, docteur, et tâchez d'être sage.

MAURICE. — Vous allez déjà travailler?

DOMINIQUE, debout, près du buste commencé. — Où est mon ébauchoir?

MAURICE, assis. — Le voici.

DOMINIQUE. — Quelqu'un a déplacé ma selle.

BRACONY. — C'est Béhopé.

DOMINIQUE. — Ne recommencez pas, sinon...

BÉHOPÉ. — Sinon?

DOMINIQUE. — Je vous décoiffe.

BÉHOPÉ. — Essayez.

DOMINIQUE, à Mariotte. — Qu'est-ce que vous chuchotiez dans ce coin, quand je suis entrée?

MARIOTTE. — Je ne me souviens plus.

DOMINIQUE, aux autres. — Il vous détaillait une de ses dernières coquineries, n'est-ce pas?

MARIOTTE. — Vous me calomniez.

DOMINIQUE. — Quoi, alors?

BRACONY. — Il nous a recommandé le silence.

DOMINIQUE. — Bien entendu. Les gens indiscrets sont toujours ceux qui réclament le plus de mystère.

MARIOTTE. — Moi, indiscret?

DOMINIQUE. — Oui, vous, Mariotte.

MARIOTTE. — A souper, peut-être.

BRACONY. — Quand tu t'attendris.

BÉHOPÉ. — Au premier verre de champagne, il raconte sa vie.

DOMINIQUE. — Au second, celle des autres.

MARIOTTE. — Je proteste.

DOMINIQUE. — Allons donc! tout Paris connaît vos bonnes fortunes.

MARIOTTE. — Ce n'est pas moi qui les divulgue.

MAURICE. — Ce sont vos maîtresses.

MARIOTTE. — Eh! mon Dieu, les hommes seraient plus entreprenants, si les femmes étaient moins bavardes.

DOMINIQUE. — Ah! je n'ai pas d'amant, je n'en veux pas... Et pourtant, si un tel malheur devait m'arriver, Dieu me préserve d'un homme à femmes! Quelle espèce abominable! Je vous aime beaucoup, mon joli Mariotte, j'adore votre musique, mais vous me dégoûtez. Pouah!

MARIOTTE. — Plaignez-moi plutôt. Tout le monde n'a pas reçu en partage la belle nature de Maurice.

MAURICE. — Pour ce que ça me rapporte!...

DOMINIQUE, à Maurice. — Et vous, qu'avez-vous fait depuis deux heures?

MAURICE. — Mon métier de médecin. Loin de vous, je ne pense qu'à remplir mes devoirs : l'idée ne me viendrait pas de prendre un plaisir.

Mariotte se rassied au piano.

ODILE, entrant. — Voici les lettres.

DOMINIQUE. — Il n'est venu personne pendant que j'étais sortie?

ODILE. — M. Bellangé.

BRACONY, bas, à Odile. — Raymond?

ODILE. — Oui, M. Bellangé.

BRACONY, intrigué. — Tiens, tiens...

MAURICE, à Dominique. — Eh bien, Dominique, quand il vous plaira?

DOMINIQUE, lisant. — Laissez-moi jeter un coup d'œil là-dessus.

MAURICE, à Odile. — Et votre protégée? Est-elle partie contente?

ODILE. — Elle se répare à la cuisine. Docteur, si je vous mendiais quelque chose pour elle?

MAURICE. — Tenez.

ODILE. — Merci. Et vous, monsieur Bracony?

BRACONY. — Je n'aime pas distribuer mon argent aux pauvres; je sais si bien qu'ils ne deviendront jamais riches... et puis, l'usage ne s'est pas encore répandu de donner ce que l'on a.

BÉHOPÉ. — C'est un usage qui se répandra bientôt.

DOMINIQUE, lisant. — Des prospectus... que de camarades dans l'embarras! Tiens, un mot de Forster, avec une loge pour les Folies-Bergère. Si nous y allions?

BRACONY. — J'en suis.

DOMINIQUE. — Il viendra nous rejoindre dans la soirée.

BRACONY. — Vous partez, Mariotte?

MARIOTTE. — Je descends chez Becker et je remonte tout de suite.

DOMINIQUE, à Maurice. — Qu'est-ce qu'il y a donc chez Becker?

BRACONY. — Des danses, un thé.

BÉHOPÉ. — Et une femme pour lui.

DOMINIQUE, à Mariotte. — Ne vous regardez pas tant. Vous êtes magnifique, allez.

MARIOTTE. — Dire qu'on ne trouve que ce petit bout de glace dans toute la maison! On ne se croirait jamais chez une femme.

DOMINIQUE, à Mariotte. — Mais ce miroir n'a été accroché là qu'à votre intention.

BÉHOPÉ. — Pour ta moustache.

MARIOTTE, à Béhopé. — Et pour tes cheveux.

MAURICE, à Dominique. — Cette absence de glace ne vous empêche pas d'être belle.

DOMINIQUE. — Belle en dedans, tout au plus.

BÉHOPÉ, découvrant ses épreuves. — Tiens, mes épreuves! Vous les avez regardées?

DOMINIQUE. — J'ai commencé.

BÉHOPÉ, prêt à sortir. — Etes-vous contente?

DOMINIQUE. — Couci, couça.

BRACONY. — Plutôt couci.

BÉHOPÉ, à Bracony. — Et tu t'imagines que je vais encore courir pour ta décoration! Plus souvent!

BRACONY. — Ne te dérange pas davantage, c'est signé.

MAURICE. — C'est signé? Alors ce n'est pas fait.

MARIOTTE, à Béhopé. — Tu me suis, Béhopé?

BÉHOPÉ. — Je t'escorte.

MARIOTTE, à Bracony. — Et toi? Je te promets une de ces boulottes comme tu les aimes.

BRACONY. — Une autre fois.

MARIOTTE, à Maurice. — Je ne vous débauche pas, docteur, je sais que vous n'avez pas de goût pour les boulottes.

DOMINIQUE. — Pourtant, on est bien plus fidèle à une boulotte qu'à une autre.

BRACONY. — Une femme mince est regardée cinq minutes par tous les hommes, mais une femme un peu ronde est regardée longtemps par le même.

DOMINIQUE. — L'une est pour la rue, l'autre pour le lit.

BRACONY. — L'avenir est aux grosses femmes, vous verrez.

BÉHOPÉ, à Bracony. — Toi, tu penses à Mélanie.

BRACONY, gravement. — Dis donc madame Bracony, je te prie.

DOMINIQUE. — Ils se sont adorés, vous savez.

BÉHOPÉ. — Tu lui as fait quitter l'Odéon, méchant.

BRACONY. — Aujourd'hui, c'est fini, nous sommes de vieux amis, nous vivons comme frère et sœur.

DOMINIQUE. — Et même comme deux frères.

MARIOTTE, à Béhopé. — Vous n'avez pas de ces souvenirs-là, vous!

BÉHOPÉ. — Oh! moi, je n'ai jamais eu d'aventures, je m'en flatte. Je ne sais pas ce que c'est qu'une impression forte.

DOMINIQUE. — Il n'a pas même un chagrin dans sa vie.

BÉHOPÉ. — On me raconte, ça me suffit.

BRACONY. — Alors, jamais?

BÉHOPÉ. — Rarement.

MARIOTTE. — Tous les ans?

BRACONY. — A la Saint-Sylvestre?

BÉHOPÉ. — Et seulement dans les années bissextiles!

MARIOTTE, à Béhopé. — Descendons.

MAURICE. — L'amitié!

Mariotte et Béhopé sortent.

Scène IV

DOMINIQUE, MAURICE, BRACONY, ODILE

ODILE, à Dominique. — Allons, bois, c'est très frais.

DOMINIQUE, qui s'est remise au travail. — Qu'est-ce que tu m'apportes encore?

ODILE. — Du lait glacé.

DOMINIQUE. — Ce que tu m'ennuies avec tes soins!

MAURICE. — Et voilà plus de trente ans que ça dure!

DOMINIQUE. — Pour elle, je ne serai jamais sevrée... Je préfère de l'eau.

Elle se verse à boire.

MAURICE. — Et les microbes?

DOMINIQUE, buvant. — Tant pis pour eux.

ODILE. — Tu n'es pas raisonnable.

DOMINIQUE, à Odile. — Puisque tu es là, trouve-moi mon compas de réduction.

ODILE. — Tiens.

DOMINIQUE, à Maurice. — Un peu plus de trois quarts, l'œil par ici, mon petit Maurice. Là... assez. Donne-moi mon fil à plomb, Odile. Est-ce que Bellangé ne t'a rien dit pour moi?

ODILE. — Il doit repasser avant le dîner.

DOMINIQUE. — Fais attention quand il sonnera, j'attends justement sa femme. Si elle est là, ne le laisse pas entrer.

BRACONY. — Plaisante à regarder, Mme Bellangé.

MAURICE. — Pas boulotte, celle-là... d'une maigreur!

BRACONY. — On ne sait jamais de quel côté est sa poitrine.

MAURICE. — En revanche, elle a les mains de Risler, lorsqu'elle est au piano.

DOMINIQUE. — J'ai à causer avec elle... Odile, arrange-toi pour avoir des gâteaux, car la petite Hélène viendra sans doute rejoindre sa mère.

BRACONY, à Dominique. — Vous avez l'air de comploter quelque chose, vous!

MAURICE. — Une bonne action, probablement.

DOMINIQUE. — Bonne, je n'en suis pas convaincue.

BRACONY. — Est-ce que par hasard vous songeriez à réconcilier Bellangé et sa femme?

DOMINIQUE. — L'idée n'est pas de moi.

BRACONY. — De qui, alors?

MAURICE. — De M. Bellangé?

DOMINIQUE. — De lui-même.

BRACONY. — Vous l'avez revu, ce sculpteur de quatrième ordre?

DOMINIQUE. — Soyez respectueux pour mon maître.

BRACONY. — Il vous a donné d'excellents conseils, j'en conviens.

DOMINIQUE, à Maurice. — C'est avec lui que j'étais hier matin quand j'ai refusé de vous recevoir. Comme il a vieilli, le pauvre garçon! Tout de même, il y avait près de cinq ans que je ne lui avais adressé la parole.

BRACONY. — Depuis son histoire?

DOMINIQUE. — Depuis, nous étions restés étrangers l'un à l'autre, lui par gêne et moi par froideur.

BRACONY. — Il vous a fait le récit de ses bêtises?

DOMINIQUE. — En pleurant.

MAURICE. — L'heure du repentir est arrivée.

BRACONY. — Maintenant que sa maîtresse l'a quitté, il a du remords d'avoir lâché sa femme.

DOMINIQUE. — Il ne peut pas coucher tout seul.

MAURICE. — A cinquante-deux ans!

BRACONY. — Moi non plus.

DOMINIQUE. — J'ai écrit à Toinette, et je l'espère.

MAURICE. — Il aura de la chance si elle consent à le reprendre.

BRACONY. — A sa place!...

DOMINIQUE. — Pauvre Raymond!

BRACONY. — Un monsieur qui vous plante là, avec votre enfant, pour filer avec un modèle!

MAURICE. — Après deux ans de ménage!

BRACONY. — Pas même.

DOMINIQUE. — Et qui vous oublie l'un et l'autre pendant cinq ans.

BRACONY. — C'est ce qu'on appelle un homme d'habitudes.

DOMINIQUE. — Je la connais, cette Marion qui les a désunis. Elle a assez traîné dans les ateliers de Montmartre! Vous vous l'êtes tous payée.

MAURICE. — Comptant.

BRACONY. — Moi, gratis.

DOMINIQUE. — Comment peut-on rester si longtemps avec de pareilles créatures?

BRACONY. — Le plaisir est le secret de la fidélité.

DOMINIQUE. — Diable!

BRACONY. — J'ai vu ce roman s'ébaucher sous mes yeux.

DOMINIQUE. — Il n'a pas été difficile à enjôler, ce bon Raymond.

BRACONY. — Ah! la poire!

DOMINIQUE. — Il a du talent, mais, entre nous, il est un peu bête.

BRACONY. — Très bête. Les gens du monde eux-mêmes s'en aperçoivent.

MAURICE. — Mon Dieu, l'aventure de M. Bellangé ressemble à celle de beaucoup d'hommes dont la jeunesse a été sévère. Il a travaillé d'abord, il s'est amusé ensuite.

BRACONY. — Mauvais système.

DOMINIQUE. — Malgré tout, si j'avais été là au moment de son équipée, je vous garantis que les choses auraient tourné autrement. Je l'aurais secoué de telle façon!...

BRACONY. — Quelle occasion vous avez manquée! Vous si prompte à chapitrer vos amis!

DOMINIQUE. — Il faut bien, quand on les aime.

BRACONY. — Vous, vous avez un tempérament de belle-mère!

DOMINIQUE. — Pardon, de brave homme.

MAURICE, à Bracony, désignant Dominique. — Sa droiture exagérée est quelquefois gênante, je le reconnais; cependant, tout compte fait, on n'est pas fâché de la trouver aux heures de trouble et d'incertitude. Elle indique le bon chemin.

DOMINIQUE. — Continuez, je bois du lait.

BRACONY. — Quand on ne sait pas si une chose est bien ou mal, on n'a qu'à le demander à Dominique. On est sûr qu'elle ne se trompera pas. C'est la pierre de touche de toutes nos actions et de tous nos sentiments.

MAURICE. — Vous êtes notre conscience.

DOMINIQUE. — Puisque vous êtes si gentil, reposez-vous une seconde.

MAURICE. — Merci.

DOMINIQUE. — Une cigarette, Bracony? (Désignant le buste.) Je crois que ça marchera, n'est-ce pas?

BRACONY. — Je ne m'y connais pas.

DOMINIQUE. — Jaloux!

MAURICE. — Ce qui m'étonne le plus là dedans, c'est que Mme Bellangé n'ait pas divorcé.

DOMINIQUE. — Elle a refusé, la bécasse.

BRACONY. — Raymond souhaitait sa liberté complète.

DOMINIQUE. — Elle a refusé à cause de la petite. Elle n'a pas même voulu d'une séparation légale. Antoinette est très bourgeoise.

MAURICE. — Quoique artiste?

DOMINIQUE. — Parce que.

BRACONY. — Il n'y a que les ratés qui soient bohèmes. Les gens de talent sont presque toujours des réguliers. Le public se trompe en croyant le contraire.

DOMINIQUE. — Puis, Antoinette est assez vaniteuse. Bellangé est connu, et, malgré tout, elle ne tient pas à renoncer au nom de son mari.

BRACONY. — Elle préfère le déshonorer.

DOMINIQUE. — Ce que c'est que l'habitude de bêcher! Jamais on n'a dit le moindre mot sur elle.

MAURICE. — La musique et l'amour de sa fille accaparent toute sa sensibilité.

BRACONY. — L'amour de sa fille surtout. J'ai déjeuné une fois ici entre elles deux : quelle mère assommante!

DOMINIQUE. — Le père aussi aime son enfant.

MAURICE. — Il n'en parle jamais sans émotion.

BRACONY. — Mariotte, qui l'entrevoit de loin en loin, m'a rapporté qu'il avait eu beaucoup de peine ces derniers temps, lorsque Toinon emmena la petite à Londres.

DOMINIQUE. — Je crois bien! Elle nous en a privés pendant trois mois.

MAURICE. — Comment va-t-elle, votre filleule?

DOMINIQUE. — Je l'ai rencontrée, tout à l'heure, place de la Trinité. Je ne lui ai pas trouvé la mine fameuse.

MAURICE. — Toujours expansive?

DOMINIQUE. — Quand elle me saisit par le cou, en me disant : « Marraine!... », mon cœur se dilate... Ah! je méritais bien d'avoir un enfant .

BRACONY. — Et même plusieurs.

DOMINIQUE. — J'ai souvent rêvé d'un fils mince et fragile comme elle.

MAURICE. — Elle a l'air d'un bibelot.

DOMINIQUE. — Elle ressemble au *Saint Jean* de Donatello. Je demanderai à sa mère de me la prêter deux ou trois jours. On peut en tirer un médaillon curieux.

MAURICE. — A quelle heure attendez-vous Mme Bellangé?

DOMINIQUE. — Je l'attends d'une minute à l'autre... Sacré mâtin!... mon armature a plié, tout va dégringoler... Au fond, je me serais facilement passée de cette corvée-là. Je pressens toutes sortes de complications et d'histoires. Sans cette petite, à laquelle je m'intérese, j'aurais prié Raymond de s'adresser ailleurs... Ne bougez donc pas, Maurice. Et pourtant, non, Bellangé, c'est quelque chose d'autrefois.

BRACONY. — Comme talent.

DOMINIQUE. — Ne riez pas. Je me trouve des devoirs envers lui. Quand j'ai perdu mon mari, il m'a aidée moralement et matériellement.

BRACONY. — Quand une veuve est jolie!...

DOMINIQUE. — Et puis, lorsqu'un homme vient pleurer chez vous, comment lui refuser ce qu'il demande?

MAURICE. — Alors, si je pleurais?

DOMINIQUE. — Vous me mettriez dans l'embarras.

MAURICE. — Méfiez-vous.

Odile entre avec un plateau.

BRACONY. — Est-ce qu'Antoinette se doute de ce qui lui pend à l'oreille?

DOMINIQUE. — Pas le moins du monde. J'ai préféré lui dire la chose en face.

BRACONY. — Vous allez sortir les grandes phrases, hein?

DOMINIQUE. — Celles que je pense et celles que je ne pense pas.

MAURICE. — Vous intimidez beaucoup Mme Bellangé, j'ai remarqué.

DOMINIQUE. — Je l'ai connue si petite!

BRACONY. — N'empêche que cette année elle vous abandonne avec une désinvolture ! On ne l'a pas aperçue chez vous un seul jour de tout l'hiver.

DOMINIQUE. — Puisqu'elle était à Londres.

MAURICE. — Elle a beaucoup plu là-bas, m'a raconté lord Ellis.

BRACONY. — Elle gagne de l'argent avec ses concerts.

DOMINIQUE. — C'est égal, depuis un mois qu'elle est de retour, elle aurait pu me donner signe de vie. Elle remplace ses visites par de petits mots bien tournés, mais ce n'est pas tout à fait la même chose.

BRACONY. — Elle a peut-être une raison pour ne pas venir.

DOMINIQUE. — Quelle raison? Quand on n'éprouve plus le besoin de voir aussi souvent ses amis, c'est qu'on les aime moins.

BRACONY. — L'ingrate! Elle devrait pourtant se souvenir que vous l'avez mariée.

DOMINIQUE. — N'augmentez pas mes remords. En effet, ils se sont rencontrés à la maison pour la première fois. Tout de suite Bellangé se toqua d'elle.

MAURICE. — Je reconnais sa manière.

DOMINIQUE. — Il était si riche, si emballé, elle si seule et si pauvre!... J'ai pensé que l'équilibre s'établirait entre les dix-huit ans de l'une et les quarante-cinq ans de l'autre.

BRACONY. — Et vous avez si bien réussi que vous tenez à les marier de nouveau.

DOMINIQUE. — Qui sait? Je vais peut-être réparer le mal que j'ai commis. (Arrangeant ses cheveux.) Mes cheveux ne m'obéissent plus.

MAURICE, ramassant une épingle en écaille. — Voilà qui vous appartient.

BRACONY, se détournant avec intention et se rapprochant de la table sur laquelle est déposé le plateau. — Ce vin est peut-être bon.

MAURICE, à Dominique, tendrement. — J'aime vos cheveux.

DOMINIQUE, se recoiffant. — Tenez, regardez cette petite mèche blanche.

MAURICE. — Si vous aviez un peu d'amitié pour moi, vous me la cacheriez au lieu de me la montrer.

DOMINIQUE. — Ça viendra peut-être.

MAURICE. — Pour un autre.

DOMINIQUE. — Ce serait injuste.

MAURICE. — Je crois que nous serions très heureux ensemble.

DOMINIQUE. — Je le crois aussi.

MAURICE. — Eh bien, alors?

DOMINIQUE. — Allons, ne devenez pas ennuyeux.

MAURICE. — Trop sincère, n'est-ce pas?

DOMINIQUE. — Vous, je finirai par vous épouser, pour que vous me laissiez tranquille.

BRACONY. — Au moins, quand il aura la clef, il ne sonnera plus vingt fois par jour.

Scène V

LES MÊMES, BEHOPE, MARIOTTE

Mariotte tient un journal à la main.

BRACONY. — Vous revoilà?

BÉHOPÉ. — Mme Cordier n'était pas chez Becker.

MARIOTTE. — Elle y sera dans un instant. Je m'étais trompé d'heure. Comme Becker avait des gens ennuyeux chez lui, je suis remonté fumer une cigarette avec vous, et je redescends.

DOMINIQUE. — Alors, en ce moment, elle s'appelle Mme Cordier?

MARIOTTE. — Juliette, quand la porte est fermée.

DOMINIQUE. — Mariée?

MARIOTTE. — A un mari pacifique.

DOMINIQUE. — Alors, pas de duels en perspective!

MARIOTTE. — A la grâce de Dieu.

DOMINIQUE. — Et où l'avez-vous rencontrée, mauvais sujet?

MARIOTTE. — Chez Mme Hédouin.

DOMINIQUE. — Mme Hédouin? Il est toujours lié avec des gens qu'il ne connaît pas, celui-là.

BRACONY. — Qu'est-ce que c'est que ça, Mme Hédouin?

MARIOTTE. — Un vieux dromadaire aux yeux pâles, qui fréquente à l'Académie et chez les poètes.

BÉHOPÉ. — Elle marche?

BRACONY. — Sur le Parnasse.

DOMINIQUE. — Les dieux, ça ne fatigue pas.

BÉHOPÉ. — Je vois cela d'ici : un salon où l'on protège les gens arrivés.

DOMINIQUE. — Est-ce que cette Mme Hédouin n'a pas une propriété à Chaville?

MARIOTTE. — Oui, tout près de la vôtre.

DOMINIQUE. — J'y suis... Et votre petite amie, dont vous ne me parlez pas?

MARIOTTE. — Miette?

DOMINIQUE. — Oui, Miette, votre habitude? Qu'est-ce qu'elle devient au milieu de toutes vos malpropretés?

MARIOTTE. — Je l'aurai semée dans quinze jours.

MAURICE. — Quand vous aurez réussi?

MARIOTTE. — Dame, je ne peux pas rester... orphelin.

BÉHOPÉ. — Pourquoi ne la gardes-tu pas tout de même?

MARIOTTE. — Avec l'autre?

MAURICE. — Jusqu'ici, elle ne vous a pas beaucoup gêné.

MARIOTTE. — Trop coûteuse, Miette. Et puis... et puis... je suis trop souvent obligé de la tromper.

MAURICE. — Obligé?

MARIOTTE. — Elle est si délicate!

BÉHOPÉ. — Pauvre petite Miette!

MARIOTTE. — Ah! c'est bien la maîtresse qu'il t'aurait fallu. Une femme qui vous dit toujours non.

BRACONY. — Toi, tu es pour la grâce, pas vrai? Ça te fiche le trac, les grandes gaillardes.

MARIOTTE. — Entre nous, je ne serais pas fâché d'avoir enfin une maîtresse bien portante.

DOMINIQUE. — Vos affaires sont donc bien avancées?

MARIOTTE. — Je dîne demain avec Mme Cordier.

BÉHOPÉ. — Pauvre petite Miette!

BRACONY, à Béhopé. — Encore!

MARIOTTE. — Je lui dirai que je dîne chez ma mère.

BRACONY. — Comme avant-hier.

DOMINIQUE. — Mentir, toujours mentir... Quand donc vivrez-vous d'une vie qui n'aura pas besoin de mensonges?

MAURICE. — Difficile pour un joli garçon.

DOMINIQUE. — Puisque vous avez résolu de la quitter, pourquoi ne le faites-vous pas loyalement, franchement?

BRACONY. — Vous lui en demandez trop.

MARIOTTE, impatienté, tendant un journal à Bracony. —

Tiens, lis donc *le Temps*. Il y a là dedans quelque chose qui t'intéresse.

BRACONY. — Je n'ai pas le ruban?

DOMINIQUE, à Mariotte. — Quelle soif de complications vous avez! Ce serait si commode et si gentil de vous conduire en honnête homme, au lieu de vous diminuer par de petites infamies.

MARIOTTE. — Elles sont si charitables!

DOMINIQUE. — Oh! je connais la théorie. Vos mauvaises actions épargnent des larmes à votre maîtresse, n'est-ce pas? Mais, mon cher, un jour ou l'autre, elle les apprendra, et elle vous en voudra à mort de votre pitié indélicate.

BÉHOPÉ. — Elle en aura tout de même profité.

MARIOTTE. — Mon Dieu, ce n'est pas un bien grand crime de mentir à...

DOMINIQUE. — A une femme?

MARIOTTE. — Pour une femme.

DOMINIQUE, s'animant. — Mais c'est indigne tout simplement.

MAURICE. — Voilà le feu aux poudres.

MARIOTTE. — Ne vous emballez pas, voyons.

BÉHOPÉ. — Laisse-la donc, la violence est son état normal.

MAURICE. — Les tempêtes la reposent.

BRACONY, lisant. — « Mazereau, Keller... » Je ne vois pas mon nom.

DOMINIQUE, à Mariotte. — Moquez-vous de moi tant que vous voudrez. Dites que je suis démodée, c'est possible ; mais vos habitudes de fausseté me révoltent.

BRACONY. — Dominique, j'ai à vous parler.

DOMINIQUE. — Tout à l'heure.

BRACONY. — Mais...

DOMINIQUE. — Flûte!... Et dire que tous les hommes, c'est la même chose. Tous s'arrogent le droit de mentir aux femmes.

MAURICE. — Pardon.

DOMINIQUE. — Les mensonges qu'on nous fait n'ont pas d'importance. On peut en commettre à la douzaine impunément. On n'est pas méprisé pour si peu.

BÉHOPÉ. — Au contraire.

DOMINIQUE. — On ment à sa maîtresse, comme autrefois on volait au jeu. C'est admis. Et tous, naïfs ou corrompus, tous, je le répète, vous êtes d'accord sur ce point.

MAURICE. — Je réclame!

DOMINIQUE. — La conscience d'un brave homme n'est pas plus troublée que celle d'un coquin, dès qu'il s'agit de duper une femme; et tel, qui se croirait déshonoré de mentir à un monsieur quelconque, mentira sans le moindre scrupule à sa meilleure amie.

MARIOTTE. — Lovelace se vantait de n'avoir jamais dit la vérité à une femme et de n'avoir jamais menti à un homme.

DOMINIQUE. — Eh bien! vous êtes comme lui. Il avait deux délicatesses: l'une pour les mâles et l'autre pour les femelles.

MAURICE. — Vous vous emportez tellement que je n'ose pas placer un mot. Mais, entre nous, je partage votre avis sur la mauvaise foi des hommes.

MARIOTTE. — Avec ça que les femmes se gênent pour nous mentir!

DOMINIQUE. — Le mensonge, chez elles, n'est pas, comme chez vous, à l'état de principe.

BÉHOPÉ. — Vous avez des illusions sur votre sexe.

BRACONY. — Si vous croyez que les autres femmes vous ressemblent, vous vous trompez ; vous êtes un être d'exception.

MARIOTTE. — Dominique, c'est une fille de Corneille.

MAURICE. — De Racine, plutôt.

BÉHOPÉ. — Mais la plupart de vos pareilles sont des filles de Meilhac.

MARIOTTE. — Oh! les délicieuses petites femmes, celles-là!... hypocrites, sensuelles, vénales : je les adore. Mais, ma pauvre Dominique, tout le monde est de mauvaise foi en amour.

DOMINIQUE. — Parlez pour vous.

BRACONY. — Amants ou maîtresses, on peut tous nous fourrer dans le même sac.

MARIOTTE. — Il faut bien mentir, puisqu'on trahit.

BÉHOPÉ. — On ment par pitié.

BRACONY. — Par colère.

MAURICE. — Par fatuité.

MARIOTTE. — On ment pour obtenir, pour garder, pour quitter.

DOMINIQUE. — Et puis on ment pour mentir.

BRACONY. — Par habitude.

MARIOTTE. — Par veulerie.

MAURICE. — Par bassesse naturelle. L'histoire de l'amour est celle de la duplicité.

DOMINIQUE. — Inventez toutes les excuses qu'il vous plaira. Pour mon compte, je trouve le mensonge aussi méprisable dans les questions de cœur que dans les autres circonstances de la vie.

MAURICE. — Et moi, je trouve qu'il l'est davantage. Oui, le mensonge fait à une femme qui vous aime et qui croit en vous me semble infiniment plus grave que le mensonge fait à un étranger ou à un camarade. Selon moi, il y a autant de différence entre ces deux actes qu'entre le vol et l'abus de confiance.

DOMINIQUE. — A la bonne heure. Voilà un peu d'air pur. (Désignant Mariotte.) Ce champion de l'indélicatesse finirait par corrompre l'atmosphère.

MARIOTTE, s'inclinant. — Très flatté.

DOMINIQUE. — Et on appelle ça un homme!

MAURICE. — Ce n'est pas l'avis des philosophes. Le menteur, disait le bon vieux Kant, est moins un homme véritable que l'apparence d'un homme.

DOMINIQUE. — Il avait raison. L'homme qui nous ment n'est pas l'homme que nous croyons avoir devant les yeux. C'est un autre être. Il a la figure, les gestes, les regards de celui que nous connaissons, et cependant ce n'est pas lui.

BÉHOPÉ. — En attendant, si l'on ne mentait pas, l'existence ne serait pas possible.

MARIOTTE. — Laissons de côté les incorrections sentimentales, puisque ce chapitre a le don de vous exaspérer, mais au moins, convenez-en, le mensonge est indispensable à la société.

DOMINIQUE. — On irait loin avec ces raisonnements-là.

MAURICE. — Comme vous grimpez vite à l'arbre!

BRACONY. — Le mensonge adoucit les mœurs.

MARIOTTE. — Tous, nous lui devons des moments agréables.

DOMINIQUE. — Je n'en doute pas.

BÉHOPÉ. — Sans lui nous serions la proie des fâcheux et des méchants.

MARIOTTE. — Moi, je trouve qu'on ne ment jamais assez.

DOMINIQUE. — Vous allez me faire l'apologie du mensonge, à présent?

BRACONY. — Votre intransigeance est un luxe que tout le monde ne peut pas se payer.

DOMINIQUE. — Vous surtout.

MAURICE. — Quels gosses!

BÉHOPÉ. — La franchise est un revolver qu'on n'a pas le droit de décharger sur les passants.

BRACONY. — Le port en est prohibé.

MARIOTTE. — Vive le mensonge! C'est la plus belle invention des hommes!

BÉHOPÉ. — Vive le mensonge!

DOMINIQUE. — Voulez-vous bien vous taire, tas de vieux gamins! Le mensonge est criminel, le mensonge est laid.

MARIOTTE. — Pas si laid que ça, car il cache plus de vilaines choses qu'il n'en montre.

BRACONY. — C'est la vérité qui est laide.

BÉHOPÉ. — La meilleure preuve, c'est que, pour accabler quelqu'un, on n'a qu'à lui jeter la vérité au visage.

DOMINIQUE. — Mais, défendez-moi, Maurice, vous avez l'air de me lâcher.

MAURICE. — Mon Dieu, oui, je vous lâche un peu.

MARIOTTE. — Bravo, docteur.

DOMINIQUE. — Vous êtes de leur avis?

MAURICE. — En matière de cœur, je n'admets aucune fausseté, je vous ai fait ma profession de foi. Pour les autres cas, dame, je serai moins absolu. Je condamne le mensonge lorsqu'il nuit à autrui ou qu'il profite à celui qui le commet. En revanche, quand il n'est ni préjudiciable, ni intéressé, et surtout quand il est imposé par les circonstances, je l'excuse, et même quelquefois je le pratique.

DOMINIQUE. — Vous savez mentir, vous?

MAURICE. — Hélas! oui, comme tout le monde.

DOMINIQUE. — Comme moi?

MAURICE. — Mais oui. Hier, pendant que nous étions chez vous, Odile a annoncé Forster et vous avez fait dire que vous étiez sortie.

DOMINIQUE. — Si vous appelez ça des mensonges!

MARIOTTE. — Qu'est-ce que c'est, alors?

BÉHOPÉ. — Soyez franche. Est-ce qu'à chaque instant vous n'échangez pas avec des indifférents ou des sauteurs des paroles de sympathie et d'estime dont vous ne pensez pas un mot?

DOMINIQUE. — Ce sont de simples phrases de politesse.

BÉHOPÉ. — De petites inexactitudes.

BRACONY. — De la fausse monnaie.

MARIOTTE. — Tous les honnêtes gens en font usage.

MAURICE. — Et je ne vous parle pas des mensonges que la délicatesse ou la pitié a dû certainement vous suggérer.

DOMINIQUE. — Peut-être.

MAURICE. — Car la conscience elle-même nous dicte certains mensonges, des mensonges sacrés. On doit toujours dire la vérité. La morale l'ordonne, c'est entendu. Pourtant, une âme noble peut se trouver aux prises avec un devoir plus impérieux que la vérité.

BÉHOPÉ. — L'amant d'une femme mariée est bien obligé de mentir quand on l'interroge sur sa maîtresse.

MAURICE. — Lorsqu'un malade, un malade qui est condamné, me demande s'il est perdu, est-ce que les trois quarts du temps je n'ai pas le devoir de lui cacher la vérité?

DOMINIQUE. — Je crois bien!

BRACONY. — Supposez qu'un homme se réfugie chez vous et qu'on vous somme de le livrer, vous commencerez par dire qu'il n'est pas là, fût-il un misérable.

DOMINIQUE. — C'est vrai.

MAURICE. — Nous n'en finirions pas si nous voulions rechercher tous les cas complexes, mal définis, dont la vie est semée.

MARIOTTE. — Mais il y a des mensonges sublimes, ma chère Dominique.

DOMINIQUE. — Ils ont du génie pour défendre le mensonge.

BRACONY. — Personne ne pense à blâmer Desdémone quand, pour sauver Othello, elle déclare en mourant qu'elle s'est tuée elle-même.

MARIOTTE. — Et l'Antony du père Dumas : « Elle me résistait, je l'ai assassinée. » En voilà un mensonge admirable!

DOMINIQUE. — Vous n'en commettrez jamais de pareils, je suis tranquille.

MARIOTTE. — On ne sait pas ce qui peut arriver.

DOMINIQUE. — Oh! je suis bien sûre que les héros du mensonge étaient des gens qui n'avaient pas l'habitude de mentir. Comme ils vous auraient méprisés, mes bons amis!

MAURICE. — Moi aussi?

DOMINIQUE. — Vous m'avez fait un peu de peine, docteur.

MAURICE. — Nous ne sommes pas si loin l'un de l'autre que vous le supposez.

DOMINIQUE. — Malgré tous les mensonges célèbres ou nécessaires, croyez-moi, une fausse déclaration, volontairement faite, sera toujours un acte bas et dégradant.

MAURICE. — Sans doute.

DOMINIQUE. — Alors?

MAURICE. — Au fond, bien au fond, c'est vous qui avez raison.

Un silence.

BÉHOPÉ, *à Mariotte.* — Tu as l'air triste tout d'un coup. A quoi songes-tu?

MARIOTTE. — Je songe à me réhabiliter aux yeux de Dominique.

DOMINIQUE. — De quelle façon?

MARIOTTE. — Ce soir, à neuf heures, je verrai Miette et je lui annoncerai que je la quitte.

DOMINIQUE. — Comme ça?

MARIOTTE. — Et j'ajouterai que ce n'est pas avec ma mère que je dîne demain, mais avec une femme que j'aime.

DOMINIQUE. — Je vais être cause d'un chagrin.

MARIOTTE. — La vérité avant tout.

Scène VI

LES MÊMES, ANTOINETTE

DOMINIQUE, *à Antoinette.* — Alors, il faut avoir quelque chose à te dire pour te voir?

ANTOINETTE. — Gronde-moi, je n'ai aucune excuse à te donner.

DOMINIQUE, *l'embrassant.* — Petite ingrate!

MARIOTTE. — Vous avez encore maigri.

ANTOINETTE. — Quel bonheur!

MARIOTTE. — Vous ne me demandez pas des nouvelles de votre mari?

ANTOINETTE. — Je devrais?

BÉHOPÉ. — Il paraît que vous avez eu beaucoup de succès à Londres.

ANTOINETTE. — Les Anglais sont très bons pour moi. (A Dominique.) Tu sais, tu es aussi appréciée en Angleterre qu'en France. Là-bas, tout le monde m'a parlé de ta *Sapho.* J'étais fière de te connaître.

DOMINIQUE, à Maurice qui s'écarte. — C'est cela, laissez-nous, nous avons à causer.

MAURICE. — Je dîne avec vous?

DOMINIQUE. — Entendu.

ANTOINETTE, à Maurice. — Je ne vous la garderai pas longtemps, soyez tranquille. J'ai rendez-vous, vers six heures, au thé de la rue Cambon.

MARIOTTE. — Un rendez-vous? Ah!

ANTOINETTE. — Avec quelqu'un de plus fidèle que vous.

BRACONY, à Dominique. — Moi aussi, je voudrais bien causer avec vous. Il m'arrive un gros ennui, et...

DOMINIQUE. — Votre nom n'est pas dans les journaux, je devine, mais vous ne tenez peut-être pas la liste définitive.

BRACONY. — Vous croyez?

DOMINIQUE. — Je vous promets de faire le nécessaire, mon petit.

BRACONY. — Si vous m'accordiez cinq minutes...

DOMINIQUE. — Revenez tout à l'heure, et ne prenez pas cet air lamentable.

BÉHOPÉ. — Descends avec nous chez Becker, tu prendras un verre de champagne.

MARIOTTE. — Et moi deux.

MAURICE, à Mariotte. — Gare alors!

MARIOTTE, à Bracony. — Viens donc, tu verras Mme Cordier.

BRACONY. — J'aimerais mieux voir le ministre.

DOMINIQUE, à Maurice qui est resté en arrière. — Vous ne les accompagnez pas chez Becker?

MAURICE. — Ma foi non. C'est bien assez de les rencontrer chez vous.

DOMINIQUE. — Décidément, vous ne pouvez pas vous y habituer.

MAURICE. — Trop sceptiques pour moi.

ANTOINETTE. — Ça ne les empêche pas d'aimer Dominique.

MAURICE. — En attendant, pour un mot d'esprit, ils n'hésiteraient pas à lui faire de la peine.

DOMINIQUE. — Ils sont imparfaits, j'en conviens, mais il y a si longtemps que je les connais! Ils savent tout de ma vie, je n'ai rien à leur apprendre. Et puis, les premiers amis nous sont imposés comme les parents. Ce n'est que plus tard que le cœur choisit librement.

MAURICE. — Merci.

Scène VII

DOMINIQUE, ANTOINETTE

DOMINIQUE. — Mets-toi là, mon chéri, et causons.

ANTOINETTE. — Tu es bien sérieuse. De quoi s'agit-il?

DOMINIQUE. — De ton mari.

ANTOINETTE. — De mon mari? Quelle drôle d'idée!

DOMINIQUE. — Il est venu me voir hier.

ANTOINETTE. — Ah!

DOMINIQUE. — Et il doit revenir tout à l'heure.

ANTOINETTE. — Je ne tiens pas à me rencontrer avec lui.

DOMINIQUE. — Ne crains rien, j'ai donné des ordres.

ANTOINETTE. — Explique-toi, j'écoute.

DOMINIQUE. — Tu vas être bien étonnée.

ANTOINETTE. — Dis toujours.

DOMINIQUE. — Tu ne devines pas?

ANTOINETTE, comprenant. — Non? Ce n'est pas possible?

DOMINIQUE. — Si.

ANTOINETTE. — Il veut se réconcilier?

DOMINIQUE. — Je suis chargée de te redemander ta main.

ANTOINETTE. — Il est fou!

DOMINIQUE. — Pour avoir consenti à plaider sa cause, il faut qu'il m'ait paru sincère, tu comprends.

ANTOINETTE. — Il a de l'aplomb... Au fait, je ne suis pas si étonnée que ça, puisque sa maîtresse ne veut plus de lui.

DOMINIQUE. — Raymond n'a jamais cessé de t'aimer.

ANTOINETTE. — Je connais le refrain.

DOMINIQUE. — Je te jure que je le pense.

ANTOINETTE. — Quand on aime sa femme, on ne vit pas pendant cinq ans avec une autre.

Un silence.

DOMINIQUE. — Tu as un enfant.

ANTOINETTE. — Hélène n'a que six ans. La question de son avenir ne se pose pas encore.

DOMINIQUE. — Tu as cependant refusé de divorcer à cause d'elle...

ANTOINETTE. — J'ai été stupide alors... Ces choses-là n'ont plus d'importance aujourd'hui.

DOMINIQUE. — Un peu, tout de même.

ANTOINETTE. — Est-ce que tu crois que les folies de son père ne lui feront pas autant de tort qu'un divorce?

DOMINIQUE. — En commettant ces folies, Raymond n'en a pas pesé les conséquences, car il adore cette petite, tu ne peux le nier.

ANTOINETTE. — N'empêche qu'il est resté deux ans sans s'inquiéter d'elle.

DOMINIQUE. — Mais, depuis trois ans, il ne perd aucune occasion de la voir.

ANTOINETTE. — Ne parlons pas de réconciliation, veux-tu?

DOMINIQUE. — Alors, sérieusement, il ne faut pas que je continue?...

ANTOINETTE, gravement. — Quand Raymond est parti, j'ai eu des jours très durs. A présent, je sais vivre seule. Je n'ai pas envie de renoncer à ma liberté.

DOMINIQUE. — Quel amour de l'indépendance! Je ne te reconnais pas.

ANTOINETTE. — Je serai donc toujours une petite fille pour toi?

DOMINIQUE. — Il me semble pourtant que tu as grandi tout à coup.

ANTOINETTE. — Tu trouves?

DOMINIQUE. — Il y a quelque chose de nouveau dans ta vie, n'est-ce pas?

ANTOINETTE. — Rien, je t'assure.

DOMINIQUE. — Jadis, tu ne mentais pas avec moi.

ANTOINETTE. — Quelquefois on change plus en trois mois qu'en plusieurs années.

DOMINIQUE. — Si je ne te tenais pas pour la plus raisonnable des femmes, je jurerais que tu aimes quelqu'un.

ANTOINETTE. — Tiens, je ne parviendrais pas à

te le cacher ; autant te l'avouer tout de suite.

DOMINIQUE, *vivement.* — Toi aussi? Ah! ma pauvre petite, je te plains. Tu ne sais pas ce qui t'attend.

ANTOINETTE. — Je n'ai pas peur.

DOMINIQUE, *gravement.* — Tu peux te préparer à souffrir, et, cette fois, d'une souffrance que tu ne soupçonnes pas.

ANTOINETTE. — Il y a des amours heureuses.

DOMINIQUE, *avec violence, avec mépris.* — Je ne connais pas celui que tu aimes. C'est probablement ce qu'on appelle un galant homme. Mais, si loyal, si délicat que tu le supposes, il doit ressembler aux autres. Le plus chevaleresque est encore une canaille.

ANTOINETTE. — Tes paroles m'ont l'air un peu exagérées.

DOMINIQUE. — Tu as raison, ma sortie est ridicule. Je dis des choses amères et banales, comme les vieilles personnes qui ont de l'expérience. J'ai tant vu de désastres autour de moi!

ANTOINETTE. — Les chagrins, dont on ne fut que le témoin, ne suscitent pas toujours une pareille amertume.

DOMINIQUE, *brusquement.* — Et si j'avais eu un amant autrefois, si j'avais été trompée?

ANTOINETTE. — Toi?

DOMINIQUE. — Oui, moi. Il y a longtemps. Voilà l'excuse de mon amertume.

ANTOINETTE. — Ma chère Dominique!...

DOMINIQUE, *avec gravité, avec profondeur.* — Il était né infidèle, et je fus tout de suite malheureuse. Ça n'a pas été long.

ANTOINETTE. — Tu étais belle, pourtant!

DOMINIQUE. — La première fois, je me suis révoltée, j'ai crié, et j'ai pardonné. Puis, ce fut une autre trahison, puis une autre, et puis toujours. Notre vie devint un duel furieux et quotidien, où je déshonorai ce qui me restait de fier, et lui, ce qui lui restait de bon.

ANTOINETTE. — Ma pauvre amie!

DOMINIQUE. — J'ai connu par cet homme que j'adorais toutes les humiliations, toutes les angoisses, toutes les tortures, les plus atroces et les plus variées. Jamais amant n'a déployé pareille ingéniosité pour martyriser sa maîtresse. Et je m'étonne vraiment de la somme de souffrances qu'une créature humaine peut supporter. Je m'étonne d'être vivante et de ne pas être une brute.

ANTOINETTE. — Tu m'épouvantes!

DOMINIQUE. — Je voulais le garder à tout prix, mais mes capitulations ne servirent à rien. J'ai eu beau faire, j'ai été lâchée, lâchée brutalement. Un jour, il n'est pas revenu.

ANTOINETTE. — Le misérable!

DOMINIQUE. — Comment et pourquoi s'est accomplie cette rupture, je me le demande encore. Il est parti sans une explication, sans même prononcer ces paroles de haine qui permettent de répondre et d'espérer. Quand la porte se referma sur lui, je croyais qu'il allait remonter une heure après. Et, pendant des semaines, des mois, des années, je l'ai attendu, comme on attend ces marins disparus depuis longtemps, et dont la mort est incertaine.

ANTOINETTE. — C'est horrible.

DOMINIQUE, *allumant une cigarette.* — Mon amertume te semble naturelle à présent?

ANTOINETTE. — Mais comment se fait-il que je n'aie jamais su un mot de cette histoire?

DOMINIQUE. — Tu n'étais qu'une gamine alors. Tout cela s'est passé avant ton mariage.

ANTOINETTE. — Raymond aurait pu m'en parler.

DOMINIQUE. — Il a ignoré ces événements.

ANTOINETTE. — Raymond?

DOMINIQUE. — Il avait été si lié avec mon mari que je n'ai pas osé le mettre au courant. J'avais beau être veuve et libre, je fus gênée.

ANTOINETTE. — Comme tu as dû souffrir quand tu t'es trouvée seule, face à face avec ton malheur!

DOMINIQUE. — J'ai été aussi près de la folie qu'on peut l'être. Par parenthèse, je crois qu'il m'est resté une fêlure de cette secousse-là.

ANTOINETTE. — Tu es bête.

DOMINIQUE, *gaiement.* — Maurice Arnault le prétend quelquefois.

ANTOINETTE. — Il t'aime bien, celui-là!

DOMINIQUE. — Cher Maurice! Je l'ai rencontré à ce moment difficile... Il faut être juste, d'ailleurs. Tout le monde a été bon pour moi : Mariotte, Bracony... Aucune des consolations ordinaires ne m'a manqué.

ANTOINETTE. — J'aurais voulu être là.

DOMINIQUE. — Et puis, je me suis mise à travailler, à travailler sérieusement, comme un homme, à travailler sans cesse. Le travail empêche de penser... Il n'y a pas que le bonheur d'agréable.

Elle essuie une larme.

ANTOINETTE. — Tu pleures?

DOMINIQUE, *gaiement.* — Rassure-toi. Ce n'est pas le chagrin, c'est ma cigarette seulement... Un peu de cendre...

ANTOINETTE. — Du passé.

DOMINIQUE. — Ne fais pas de mots. Dieu merci, mon cœur est tranquille. Les mauvais jours sont loin. Mon ancien amant pourrait rouvrir cette porte, je ne changerais pas de visage.

ANTOINETTE. — En es-tu sûre?

DOMINIQUE. — La meilleure preuve de ma sincérité, c'est que... nous venons de parler de Maurice Arnault, n'est-ce pas? Eh bien, il désire m'épouser et je ne réponds pas que...

ANTOINETTE. — En effet, on m'a rapporté...

DOMINIQUE. — Oh! rien n'est décidé encore... et puis, c'est si grave de se mettre dans le lit d'un monsieur, quand on en a perdu l'habitude.

ANTOINETTE. — Ta drôlerie l'emporte sur la tristesse.

DOMINIQUE. — Pour en revenir à toi, mon mignon, maintenant que ma confession est finie, tâche d'en profiter. Pardonne-moi, si j'ai été longue. Je ne voulais te dire que deux mots, mais quand on commence à parler de soi... on pourrait continuer, continuer...

ANTOINETTE. — Je t'aime davantage à présent.

Elle l'embrasse.

DOMINIQUE. — Alors, puisque tu m'aimes davantage, il faut m'écouter et te réconcilier avec ton mari.

ANTOINETTE. — Je ne m'en sens pas le courage.

DOMINIQUE. — Dépêche-toi, car mon histoire d'hier est ton histoire de demain.

ANTOINETTE. — Qui sait? J'aurai peut-être plus de chance que toi.

DOMINIQUE. — Ils sont tous les mêmes.

ANTOINETTE. — Tais-toi, je suis trop heureuse. Je ne veux pas regarder ce que l'avenir me réserve.

DOMINIQUE. — Tous les mêmes, entends-tu?

ANTOINETTE. — Eh bien, tant pis! Advienne que pourra. Après tout, moi, je ne rêve pas de bonheur éternel. Je suis moins ambitieuse que toi, moins romanesque. Le présent me suffit.

DOMINIQUE. — Tu es bien philosophe!

ANTOINETTE. — Et puis, tu arrives trop tard. Je suis...

DOMINIQUE. — Tu es?

ANTOINETTE. — Je suis sa maîtresse.

DOMINIQUE. — Dans ce cas, je n'ai plus qu'à me taire. Pourquoi n'as-tu pas débuté par là? Je t'aurais épargné mes remontrances.

ANTOINETTE. — Tu m'en veux? Pardon.

DOMINIQUE. — Prends garde, cependant, veille bien sur ton bonheur. Car les dispositions pacifiques de ton mari peuvent se changer en haine, en représailles.

ANTOINETTE. — Qu'ai-je à craindre?

DOMINIQUE. — Ton refus peut l'irriter.

ANTOINETTE. — Eh bien?

DOMINIQUE. — Eh bien! il peut te prendre ta fille.

ANTOINETTE. — Hélène?

DOMINIQUE. — La loi sera pour lui, s'il est prouvé que tu as un amant.

ANTOINETTE. — Et ses torts?

DOMINIQUE. — Et les tiens?

ANTOINETTE. — Allons donc! Raymond est incapable d'une pareille infamie, je le connais. D'abord, s'il avait dû la commettre, il l'aurait déjà commise.

DOMINIQUE. — Parce que?

ANTOINETTE. — Parce qu'il sait plus de choses que tu ne crois.

DOMINIQUE. — Sois claire.

ANTOINETTE. — Il sait tout, et s'il ne t'en a pas soufflé mot, c'est uniquement par amour-propre, pour avoir le droit de se réconcilier, sans rien perdre de sa dignité.

DOMINIQUE. — Et tu doutes de ses sentiments!

ANTOINETTE. — Si tu veux que je te le dise, il m'a suivie plusieurs fois depuis mon retour. L'autre soir encore, vers minuit, il était posté en face de chez moi quand nous sommes rentrés.

DOMINIQUE. — Tu reçois ton amant chez toi?

ANTOINETTE. — Mon Dieu, je ne m'imagine pas dans un appartement choisi tout exprès pour le rencontrer. Ma foi, non.

DOMINIQUE. — La prudence est quelquefois un devoir.

ANTOINETTE. — Il m'a proposé de le voir ailleurs, mais j'ai refusé.

DOMINIQUE. — Il n'a pas insisté?

ANTOINETTE. — Non.

DOMINIQUE. — Et ta réputation?

ANTOINETTE. — Je n'y songe guère en ce moment.

DOMINIQUE. — Mais lui?

ANTOINETTE. — Un peu plus, pas beaucoup.

DOMINIQUE. — Vous êtes donc fous?

ANTOINETTE. — Presque. Je ne fais que des choses déraisonnables depuis quelque temps. C'est ma façon d'aimer. Si tu savais!... Mais je préfère me sauver.

DOMINIQUE, la retenant. — Tu as peur que je te désapprouve?

ANTOINETTE. — Il faut que je sois rue Cambon à six heures.

DOMINIQUE. — Rassieds-toi deux minutes. D'abord, Hélène doit venir.

ANTOINETTE. — Je ne crois pas.

DOMINIQUE. — Je l'ai rencontrée tantôt et j'ai recommandé à sa gouvernante de nous l'amener.

ANTOINETTE. — C'est que...

DOMINIQUE, en souriant. — Voyons, il peut bien t'attendre un peu.

ANTOINETTE, gaiement. — Ma foi, il mériterait joliment que je le fasse poser.

DOMINIQUE. — Il est inexact?

ANTOINETTE. — D'une inexactitude révoltante, cynique. Ce qui ne l'empêche pas de regarder sa montre toutes les cinq minutes.

DOMINIQUE, avec distraction. — J'ai connu quelqu'un qui avait cette manie.

ANTOINETTE. — Mais quelle femme refuserait de pardonner lorsque...

Un silence.

DOMINIQUE. — Tu peux bien me parler de toi, puisque je ne suis plus malheureuse.

ANTOINETTE. — Je voulais simplement t'expliquer qu'il trouve toujours le moyen de me désarmer. Un jour, c'est une parole tendre ; un autre jour, une galanterie...

DOMINIQUE. — Exemple?

ANTOINETTE. — Hier, nous avons dîné ensemble. Il est arrivé en retard, selon son habitude, mais il m'apportait deux volumes du dix-huitième siècle.

DOMINIQUE. — *Les Liaisons dangereuses*, je parie.

ANTOINETTE. — Non, *les Confessions*, de Jean-Jacques.

DOMINIQUE, frappée. — Ah!

ANTOINETTE. — Un de ses livres préférés.

DOMINIQUE, curieuse. — Assieds-toi donc.

ANTOINETTE. — Puisque tu l'exiges.

DOMINIQUE. — Et probablement, vous en avez lu quelques pages dans la soirée?

ANTOINETTE. — Après avoir fait jouer la petite.

DOMINIQUE. — Ta fille l'aime?

ANTOINETTE. — C'en est honteux.

DOMINIQUE. — Il l'enjôle comme sa mère.

ANTOINETTE. — Comme il t'enjôlerait.

DOMINIQUE, avec regret. — Alors, il est charmant.

ANTOINETTE. — Un peu nerveux, mais il communique sa vie à tout ce qui l'entoure. Quand il n'est pas là, l'appartement semble vide. Les êtres et les choses ont un air mort. Il emporte avec lui la lumière et la chaleur.

DOMINIQUE. — Heureusement qu'il revient!

ANTOINETTE. — Son coup de sonnette un peu sec (Mouvement de Dominique.) fait sauter de joie la maison entière, moi, Hélène, le petit chien et jusqu'à la bonne anglaise. Si je te disais que ses créanciers l'adorent!...

DOMINIQUE. — Il a des créanciers?

ANTOINETTE. — Il est joueur.

Mouvement de Dominique.

DOMINIQUE. — Comment! tu aimes un monsieur qui a ce vice-là?

ANTOINETTE. — Et bien d'autres.

DOMINIQUE. — Toi si sage, si régulière?

ANTOINETTE. — Crois-tu que je traverse une crise, hein? Grand Dieu! s'il y a un homme dont je n'aurais jamais dû m'éprendre, c'est bien celui-là. Figure-toi... Non, une autre fois...

DOMINIQUE, la forçant à se rasseoir. — Il attendra.

ANTOINETTE. — Figure-toi le contraire du bon sens, un être exaspérant. Il suffit qu'une chose soit insensée pour qu'elle lui plaise, et il suffit qu'elle lui plaise pour que je la fasse.

DOMINIQUE. — Tu protestes en dedans.

ANTOINETTE. — Je passe mon temps à le blâmer et à me soumettre. C'est à Londres que je l'ai rencontré... (Mouvement de Dominique.) mais c'est un Français.

DOMINIQUE. — Tu n'as pas besoin de le dire.

ANTOINETTE. — N'est-ce pas?

DOMINIQUE. — Est-ce qu'il est jeune?

ANTOINETTE. — Ni jeune, ni beau, mais partout où il se trouve, on ne peut regarder que lui.

DOMINIQUE. — Si ton malheur était plus grand que je ne pensais?

ANTOINETTE. — Que vas-tu m'apprendre?

DOMINIQUE. — Il n'y a qu'un homme qui ressemble à celui-là. Mais non... Ce n'est pas possible... tu ne l'as jamais vu... C'est un autre que tu aimes, ce n'est pas lui.

ANTOINETTE. — C'est...

DOMINIQUE. — Faut-il que le même nom soit sur tes lèvres?

ANTOINETTE. — C'est lui qui t'a fait souffrir?

DOMINIQUE. — Oui.

ANTOINETTE. — François Prieur?

DOMINIQUE. — Il ne te l'a donc pas raconté?...

ANTOINETTE. — Non, je te le jure.

DOMINIQUE. — Comment! il ne s'en est pas vanté?

ANTOINETTE. — T'aurais-je parlé de lui, si j'avais su?

DOMINIQUE. — Je comprends pourquoi tu étais si rare depuis quelque temps. Parbleu! il t'empêchait de venir.

ANTOINETTE. — Tu te trompes.

DOMINIQUE. — Il n'a jamais prononcé mon nom devant toi?

ANTOINETTE. — Je lui ai seulement entendu dire une fois que vous vous étiez perdus de vue depuis longtemps.

DOMINIQUE. — Voilà tout?

Un silence.

ANTOINETTE, curieuse à son tour. — Vous étiez voisins à Chaville, n'est-ce pas?

DOMINIQUE. — Oui.

ANTOINETTE. — Alors?

DOMINIQUE, contrainte. — Je m'y étais installée avec Odile au moment de mon deuil. Je vivais là, depuis deux ans, très obscure et très seule, lorsqu'un jour...

ANTOINETTE. — Lorsqu'un jour?

DOMINIQUE. — Bracony m'apporta un volume sur le Tonkin, où il était question de mon mari et de sa mort si triste à la tête de ses hommes.

ANTOINETTE. — Le livre de François?

DOMINIQUE. — Naturellement, j'ai désiré le remercier, et c'est de cette façon que nous nous sommes connus.

ANTOINETTE. — Je comprends.

DOMINIQUE. — Il revenait de là-bas avec une blessure. Il boitait encore un peu, je me rappelle.

ANTOINETTE. — Mais pourquoi ne vous êtes-vous pas mariés?

DOMINIQUE. — Que veux-tu? Les choses sont arrivées avant les raisonnements. Nous n'y avons jamais songé ni l'un ni l'autre. (Antoinette se lève brusquement.) Tu t'en vas?

ANTOINETTE. — Il est six heures passé.

DOMINIQUE. — Tu n'attends pas Hélène?

ANTOINETTE. — Je suis trop en retard.

DOMINIQUE. — Toi, tu es jalouse.

ANTOINETTE. — Oh! Dominique, peux-tu prononcer un mot pareil?

DOMINIQUE. — Sois franche.

ANTOINETTE, baissant la tête. — Ça m'a fait quelque chose, tout de même.

DOMINIQUE. — Puisque c'est le passé, voyons.

ANTOINETTE, l'embrassant. — Je t'adore.

Elle sort.

DOMINIQUE, seule, avec accablement. — Elle va le retrouver.

RIDEAU

ACTE II

Même intérieur.

Scène première

DOMINIQUE, BRACONY

Dominique est assise près d'une table à écrire; elle semble absorbée. Bracony ouvre joyeusement la porte.

BRACONY. — Vous savez, je ne suis plus triste.
DOMINIQUE. — Ah!
BRACONY. — Je ne suis plus triste.
DOMINIQUE. — Mettez-vous là et racontez.
BRACONY. — A quoi bon vous ennuyer de mes affaires?...
DOMINIQUE. — Quand elles sont arrangées.
BRACONY. — Vous tenez donc beaucoup à vous occuper de moi?
DOMINIQUE. — Je ne veux pas être indiscrète.
BRACONY. — Mon Dieu, voici... Je viens de rencontrer un député qui sortait des Beaux-Arts, Simyan, et...
DOMINIQUE. — Et?
BRACONY. — Je ne peux pas vous en raconter davantage.
DOMINIQUE. — Merci.

BRACONY, fredonnant.

Les donneurs de sérénades
Et les belles écouteuses.

DOMINIQUE. — Ah! ne chantez pas, je vous en prie.
BRACONY. — Mais c'est du Fauré!
DOMINIQUE. — Alors, continuez...
BRACONY. — Vous, vous avez envie d'être mélancolique!
DOMINIQUE. — Je suis très ennuyée.
BRACONY. — La visite d'Antoinette?
DOMINIQUE. — Je n'ai pas pu obtenir d'elle ce que je désirais.
BRACONY, prêt à sortir. — Bah!

Scène II

LES MÊMES, MARIOTTE, BEHOPE

MARIOTTE. — Antoinette est partie?
DOMINIQUE. — Il y a cinq minutes.
MARIOTTE. — Qu'est-ce que vous lui vouliez donc, à Mme Bellangé?
DOMINIQUE. — La réconcilier avec son mari.
BÉHOPÉ. — Rien que ça?
DOMINIQUE. — C'est Raymond lui-même qui m'avait chargée de la pressentir.
MARIOTTE. — Vous ne m'étonnez pas. Il parle beaucoup d'elle depuis quelque temps.
BRACONY. — Elle repousse tout rapprochement.
MARIOTTE. — Dame, à sa place, ce remariage ne me tenterait guère. Bellangé n'est pas jeune.
BÉHOPÉ. — Avec sa barbe blanche à la Meissonier, il a l'air d'un fleuve.
BRACONY. — Dont le lit vous glacerait.
BÉHOPÉ. — Et puis, elle a peut-être un roman dans sa vie, cette petite femme, quelque histoire en train.
DOMINIQUE. — Toinon? Vous plaisantez.
MARIOTTE, vivement. — Béhopé a raison. Elle a une histoire en train. Et même avec un monsieur que vous connaissez.
DOMINIQUE. — Qui ça?
MARIOTTE. — Un diplomate.
BRACONY, à part. — Diable!
DOMINIQUE. — Vraiment?
MARIOTTE. — Qu'on voit plus souvent à Paris...

Il s'arrête.

DOMINIQUE, achevant. — Qu'à Londres.
MARIOTTE. — Vous y êtes.
BRACONY, à Mariotte. — Gaffeur!
BÉHOPÉ. — Le champagne!
DOMINIQUE, à Bracony. — Laissez-le donc parler. Voyons. Ça ne peut plus m'émouvoir aujourd'hui.
MARIOTTE. — Ce serait malheureux.
DOMINIQUE. — Je comprends tout ce que la délicatesse vous empêche de me révéler, mon cher Mariotte. Seulement, vous faites fausse route, je vous en avertis.
MARIOTTE. — Alors, je voudrais bien savoir quel plaisir ils peuvent trouver à se promener constamment ensemble. Le mois dernier, je les ai rencontrés deux fois dans le parc de Saint-Cloud, et, l'autre jour, Miette s'est cognée contre eux à la Porte Jaune.
BRACONY. — Le champagne opère.
MARIOTTE. — Et quand celui-là se promène trois fois avec une femme, ce n'est pas pour des prunes.
BÉHOPÉ. — C'est pour des pommes.
DOMINIQUE. — Quelle bêtise! Si j'étais la maîtresse de tous les hommes avec qui l'on me rencontre, j'aurais une triste réputation, et je serais rudement fatiguée.
MARIOTTE. — J'ignore s'ils étaient fatigués. Toujours est-il qu'ils avaient un air chose.
BÉHOPÉ. — Anacréon prétend qu'il y a un je ne

sais quoi, un petit signe auquel on reconnaît les amoureux.

DOMINIQUE. — Vous avez lu Anacréon, vous?

BÉHOPÉ. — J'ai trouvé ça dans Sainte-Beuve.

DOMINIQUE, à Mariotte. — Vous avez vu le petit signe?

MARIOTTE. — Non. Mais j'ai vu le je ne sais quoi.

DOMINIQUE. — Vous aviez la berlue, mon cher. Ensuite l'homme dont vous parlez passe pour être depuis longtemps l'amant de madame...

MARIOTTE. — Une Américaine?

DOMINIQUE. — Très connue.

MARIOTTE. — Vous retardez, ma chère Dominique. Il y a beau jour que cette aventure est finie.

DOMINIQUE. — Vous vous trompez.

MARIOTTE. — Voilà au moins deux ans.

DOMINIQUE. — Elle dure encore.

MARIOTTE. — Sapristi, j'ai de bonnes raisons pour savoir le contraire, puisque...

DOMINIQUE. — Puisque?

BRACONY. — Accouche.

MARIOTTE. — Mais...

BÉHOPÉ. — Faut-il les fers?

MARIOTTE. — Elle va encore me traiter d'indiscret.

DOMINIQUE. — Vous lui avez succédé?

MARIOTTE. — Eh bien! oui, là.

BRACONY. — Entre Miette et Mme Cordier?

MARIOTTE. — Avant.

DOMINIQUE. — Miette, Mme Cordier, l'Américaine, quelle salade!

BÉHOPÉ. — Poivrée.

MARIOTTE. — Pas tant que ça, mes amis. Ce qu'on est volé!...

DOMINIQUE. — Est-ce que par hasard votre Américaine était aussi fragile que Miette?

MARIOTTE. — Elle n'avait pas ce défaut.

DOMINIQUE. — Elle en avait un autre?

MARIOTTE. — Elle manquait de tact.

DOMINIQUE. — Vous avez fait cette remarque, vous?

MARIOTTE. — Elle me parlait tout le temps de mon prédécesseur; et cela en termes désobligeants pour mon amour-propre.

DOMINIQUE. — Je réclame des détails.

MARIOTTE. — Ce n'est pas ce que vous croyez.

BÉHOPÉ. — Précise.

MARIOTTE. — Vous ne me gronderez pas après?

BRACONY. — Marche donc, puisque tu as commencé.

MARIOTTE. — Eh bien! quand ils étaient ensemble, comme cette femme est mariée et qu'on ne peut pas l'aimer à domicile, il avait arrangé pour elle une petite maison à Saint-James, à la porte du Bois.

DOMINIQUE. — La nature attendrit.

MARIOTTE. — Quelque chose de rare et de stimulant, paraît-il, une extravagance de libertin, faite pour communiquer du vice à la plus innocente.

BRACONY. — Il n'est donc pas ruiné?

MARIOTTE. — Lorsque arriva mon tour, mêmes difficultés, mêmes précautions. Seulement, cette fois, ce ne fut qu'un modeste rez-de-chaussée, rue Lincoln.

BRACONY. — Près de la place des Etats-Unis.

DOMINIQUE. — Afin qu'elle ne fût pas trop dépaysée.

MARIOTTE. — Un rez-de-chaussée agréable pourtant. J'avais rassemblé là tout ce que l'amour et l'expérience peuvent suggérer ; mais, malgré mon génie, ce n'était pas ça.

DOMINIQUE. — Elle regrettait l'ancien cadre.

MARIOTTE. — Et à chaque rendez-vous, elle me servait la petite maison de Saint-James : « Ah! là-bas, on était plus confortable. En voilà un qui comprend les femmes! J'aime bien mieux le Louis XV que le Louis XVI... »

BRACONY. — *Et cætera, et cætera.*

DOMINIQUE. — Elle croyait qu'avec tous les Français c'était pareil.

MARIOTTE. — C'était toujours la même chanson.

DOMINIQUE. — A n'importe quel moment?

BRACONY. — Jusque sur l'oreiller!

MARIOTTE. — N'est-ce pas? il y a des minutes où l'on préférerait ne pas causer du mobilier.

DOMINIQUE. — Vous avez du tact à revendre, mon cher, et vous auriez pu donner des leçons à votre ancienne amie, mais jusqu'ici votre histoire ne démontre pas qu'Antoinette Bellangé soit la maîtresse de François Prieur. Pourquoi ne pas dire carrément son nom?

MARIOTTE. — Je garde mon opinion.

BRACONY. — Eh bien! si tu en as la certitude, elle sera vite lâchée, celle-là.

DOMINIQUE. — Son affaire est claire.

BÉHOPÉ, renchérissant. — Ce ne sont pas les scrupules qui arrêteront François, je vous le garantis.

DOMINIQUE, avec amertume. — Alors, il continue son éternel rôle d'amant. Il n'a pas encore fini, à quarante ans!

BÉHOPÉ. — Sonnés.

DOMINIQUE. — Toujours le même! Il ne perd aucune occasion d'être ému, et il ne parvient jamais à l'être complètement. Quel cœur infatigable!

BRACONY. — Puisqu'il habite Londres, pourquoi fait-il l'amour à Paris?

MARIOTTE. — Et on appelle ça un diplomate!

BÉHOPÉ. — Diplomate aujourd'hui, comme il était homme de lettres autrefois.

BRACONY. — Pas sérieux.

BÉHOPÉ. — Amateur en tout.

DOMINIQUE. — Très habile pourtant, dès qu'il s'agit de commettre une vilaine action.

MARIOTTE. — Parions qu'il a conservé sa maison de Saint-James.

DOMINIQUE. — Elle sert sans doute à ses différents bonheurs, quand il est ici.

BÉHOPÉ. — Le même lit pour toutes!

DOMINIQUE, renchérissant. — Ça, c'est l'indélicatesse classique; l'ignominie courante que nous subissons, sans nous en douter.

BRACONY. — Il faudra demander à Toinon si elle la connaît, cette petite maison dangereuse.

BÉHOPÉ. — Je ne pense pas. Il doit l'aimer dans un autre quartier.

DOMINIQUE. — Pourquoi donc?

BÉHOPÉ. — Par prudence, Raymond Bellangé ne demeure pas loin du Bois.

DOMINIQUE. — Vous verrez qu'un jour il se fera casser la tête par un mari.

BRACONY. — Espérons-le.

DOMINIQUE. — Et c'est à ces hommes de joie qu'on se donne, c'est pour ceux-là qu'on pleure. Ce sont les seuls qui nous plaisent. Quelle humiliation!

MARIOTTE. — Dites donc, en voilà un à qui le mensonge ne fait pas peur, hein?

BÉHOPÉ. — Il ment comme il respire.

BRACONY. — Et on ne peut pas rester cinq minutes sans respirer, c'est établi.

MARIOTTE. — Un vrai mufle, quoi!

DOMINIQUE, à Mariotte, prise d'une colère subite. — Tout mufle qu'il est, il a encore une supériorité sur vous, mon cher ami.

MARIOTTE. — Laquelle, je vous prie?

DOMINIQUE. — Celle de ne pas s'occuper de sa figure. S'il était là, il ne rôderait pas autour de cette glace, comme vous le faites depuis un quart d'heure.

MARIOTTE. — Il est sûr de lui, probablement.

DOMINIQUE. — Dans tous les cas, il n'a jamais semblé s'apercevoir qu'il était mieux que les autres hommes.

MARIOTTE. — Vous croyez?

DOMINIQUE. — Calculée ou non, cette insouciance de sa personne l'a préservé de votre élégance lamentable, car, permettez-moi de vous le dire, vous pratiquez le dandysme jusqu'au ridicule, et, par-dessus le marché, en matière de femmes, vous n'êtes pas plus délicat que lui.

MARIOTTE. — En attendant, je n'ai pas fait verser autant de larmes.

DOMINIQUE. — Parce qu'on ne vous aimait pas, parbleu!

BRACONY. — Tu es collé.

BÉHOPÉ. — Chic!

DOMINIQUE. — On ne cause le désespoir de personne quand on ressemble à Louis-Philippe comme vous, ou qu'on a une tête de créancier comme Bracony.

MARIOTTE. — Attrape!

BRACONY. — Vous vous retournez contre nous à présent?

BÉHOPÉ. — Pourquoi cette volte-face?

MARIOTTE. — François ressuscite.

DOMINIQUE. — Laissons les morts tranquilles, s'il vous plaît. Vous tapez trop fort sur lui, voilà tout.

BRACONY. — C'est vous qui avez commencé.

DOMINIQUE. — Il ne fallait pas continuer.

BÉHOPÉ. — Elle est raide, celle-là!

DOMINIQUE, s'exaltant peu à peu. — En vérité, vous êtes plus royalistes que le roi. Je me demande un peu ce qu'il vous a fait, M. Prieur. Qu'avez-vous à lui reprocher?

BRACONY. — La question n'est pas là.

DOMINIQUE. — Si, la question est là! D'ailleurs, quels que soient ses torts, il n'y a que moi dans cette maison, il n'y a que moi seule, ici, qui ai le droit d'en dire du mal.

BÉHOPÉ. — Admettons.

DOMINIQUE. — Et puis, et puis, tout ce que vous recherchez, tout ce que vous inventez ne l'atteint pas.

MARIOTTE. — Quelle puissance d'oubli!

DOMINIQUE. — Ses méfaits ne sont que des fautes d'amour, et l'honneur d'un homme n'a jamais été entamé, que je sache, pour des maîtresses quittées ou trahies.

BRACONY, stupéfait. — La logique des femmes!

DOMINIQUE. — Je vous étonne, mais est-il moins généreux, moins intelligent, parce que j'ai été sa victime? Pourquoi ne pas lui appliquer les théories que vous prôniez tantôt, vous tous qui avez éprouvé son amitié, qui avez utilisé sa nature désintéressée et fière?

BRACONY. — Il a des vertus, maintenant.

DOMINIQUE, à Bracony. — Il vaut encore plus par les platitudes qu'il n'a pas commises que par les qualités qu'il a. Ce n'est pas lui qui traînerait dans les ministères pour faire acquérir ses croûtes ou quémander un bout de ruban.

BRACONY. — Il aime mieux traîner dans les cercles.

DOMINIQUE. — Il joue, il perd et il emprunte, n'est-ce pas?

BRACONY. — Quelquefois.

DOMINIQUE. — Le grand crime!

BRACONY. — Mon Dieu...

DOMINIQUE. — Il y a toujours au fond de leurs sévérités quelque chose qui venge leurs imperfections. Vous tombez sur les gaspilleurs, parce que vous êtes avare, et ce pantin-là tombe sur les débauchés parce qu'il manque de tempérament.

BÉHOPÉ. — Vous allez m'entreprendre aussi?

DOMINIQUE, à Béhopé. — L'amour, voilà ce qui ne vous tourmente guère, hein? L'idée d'une nuit de plaisir vous donne le frisson. Découcher! Rien que ce mot-là vous enrhume.

BÉHOPÉ. — Chacun ses mœurs.

DOMINIQUE. — Vous vous contentez d'être l'ami de celui qui a une histoire. On vous raconte, ça vous suffit, comme vous dites.

BRACONY. — Ramasse, à ton tour.

DOMINIQUE. — Oh! vous n'avez pas causé de déceptions aux femmes, vous, c'est certain. En revanche, vous ne leur avez pas procuré la moindre joie et vous disparaîtrez de cette vie, pareil à un figurant, sans avoir ressenti ou fait ressentir une émotion quelconque. Pauvre homme!

MARIOTTE. — Prenez garde, vous passez la mesure.

BÉHOPÉ. — Elle est encore plus humiliante pour moi que pour vous.

DOMINIQUE. — Parce que vous avez été plus lié que les autres avec Prieur, et que, pendant des années, vous avez été son clair de lune.

BRACONY, à Mariotte. — Le fait est...

DOMINIQUE. — Que diable! lorsqu'on trouve quelqu'un si bon à imiter, on est mal venu à le juger de si haut.

BÉHOPÉ. — Toujours le même reproche.

DOMINIQUE. — Car si, par sécheresse, vous n'avez pas singé toutes ses habitudes amoureuses, vous avez, du moins, pillé soigneusement ses manières, ses gestes, sa façon de parler, la plupart de ses goûts, et jusqu'à ses travers.

MARIOTTE. — Pauvre Instar!

DOMINIQUE. — Il faut croire que certains de ses défauts sont aussi précieux que des qualités, puisque, aujourd'hui encore, vous vous les appropriez dès que vous cherchez à plaire.

BRACONY. — Pas bête.

DOMINIQUE. — Que de fois vous l'avez doublé, bon Dieu! Là, vrai, l'Instar, vous n'avez pas volé votre nom. François Prieur fut inspiré du Ciel le jour qu'il vous baptisa.

BÉHOPÉ. — Méchante!

DOMINIQUE. — Du reste, il n'est pas le seul qui ait eu l'honneur d'être plagié par vous. Vous carottez tout le monde.

BÉHOPÉ. — Continuez, si vous le désirez, je ne vous écoute plus.

DOMINIQUE. — Vous avez la maladie de l'imitation comme quelques-uns ont celle de l'originalité. Malheureusement pour vous, l'imitation ne donne pas la jouissance des choses, et encore moins le talent.

BÉHOPÉ. — Merci.

DOMINIQUE. — Vous avez beau revêtir l'âme ou le costume de chacun, vous ne vous amusez pas davantage. Vous crevez d'ennui dans la peau des autres et, quant à vos livres, n'en parlons pas!...

BÉHOPÉ. — Ça n'a pas de rapport.

DOMINIQUE. — On les coupe quelquefois, mais on ne les lit jamais.

BÉHOPÉ. — Décidément, vous allez trop loin. Je vous demande de cesser.

DOMINIQUE. — Si vous n'êtes pas content, la porte est ouverte.

MARIOTTE. — Epargnez-le, voyons.

BRACONY. — Elle a perdu la tête.

DOMINIQUE. — Et ça traite les camarades d'amateurs!... Amateur! ce joli mot dont on a fait une injure. Mais, nom d'un chien, mon petit, il y a parfois des amateurs qui sont de vrais artistes, et je connais beaucoup de gens de métier qui ne le seront jamais. C'est trop fort! (Désignant les épreuves.) La seule page un peu amusante de son bouquin a été cueillie dans le volume de François.

BÉHOPÉ. — Je vous demande pardon...

DOMINIQUE. — J'ai bonne mémoire.

BRACONY. — Je me disais aussi!...

DOMINIQUE. — D'abord, tous, vous le détestez depuis longtemps. Oui, tous. Cette haine commune est même ce qui caractérise votre intimité. Tous, vous l'avez toujours exécré à cause de sa chance auprès des femmes.

BRACONY. — Je m'en fiche un peu, de ses bonnes fortunes.

DOMINIQUE. — Avec ça! Ce sont des choses que les hommes ne se pardonnent pas entre eux. Vous avez l'air de vous indigner au nom de la délicatesse, mais, au fond, vous contentez votre jalousie.

MARIOTTE. — Insultez-nous, ça n'a pas d'importance.

DOMINIQUE. — Oui, toutes les remarques envieuses, vous les avez faites sur son compte; vous les avez enregistrées, épinglées avec joie. Vous êtes jaloux de lui, jaloux dans les entrailles.

BÉHOPÉ. — En attendant, les femmes lui ont fait rater sa vie.

DOMINIQUE. — Quelle aubaine pour vous que sa conduite envers moi! Ah! je peux le dire, notre rupture a presque été une réjouissance publique. M'avez-vous assez monté la tête! l'avez-vous assez chargé, le malheureux! Et quand je pense que je ne vous ai pas imposé silence, et que j'ai même été votre complice!

BRACONY, éclatant. — Vous êtes trop ingrate, à la fin! Il faut que vous soyez folle pour nous maltraiter de cette façon.

BÉHOPÉ. — C'est la première fois que vous êtes injuste avec nous.

MARIOTTE. — Vous devez méditer quelque sottise.

DOMINIQUE. — Ça me regarde.

BRACONY. — Et nous aussi.

MARIOTTE. — Ma parole d'honneur, depuis cinq minutes, il semble que François Prieur soit redevenu le maître de cette maison.

DOMINIQUE. — Imbécile!

BÉHOPÉ. — Comment osez-vous nous comparer à un pareil homme?

BRACONY. — Admettons que je sois intéressé. Eh bien, après? Qu'est-ce qu'il y a d'extraordinaire là dedans? Est-ce une raison pour être si méprisable?

MARIOTTE. — On peut aimer les grosses femmes et être un honnête homme.

DOMINIQUE. — Vous ne comprenez rien.

BÉHOPÉ. — Je ne suis pas coureur, soit. Néanmoins, cela ne signifie pas que j'aie tous les vices.

MARIOTTE. — Et moi, j'ai beau l'être, je ne les ai pas tous non plus. J'ai commis un certain nombre de rosseries, je le confesse; les occasions m'ont peut-être manqué pour en commettre davantage, j'en conviens... Mais, sapristi, il me reste encore un atome de délicatesse.

DOMINIQUE. — Surtout quand vous contez vos escapades.

MARIOTTE. — D'anciennes escapades.

DOMINIQUE. — Un secret n'a qu'un temps, n'est-ce pas?

MARIOTTE. — Je connais des secrets vieux de dix ans, et je les ai gardés.

DOMINIQUE. — Vantard!

MARIOTTE. — Ce sont des histoires plus piquantes que les miennes, et vous mériteriez bien que je vous les disse.

DOMINIQUE, frémissante. — De quelles histoires s'agit-il encore? Parlez.

BRACONY. — Mariotte!

MARIOTTE. — Non, je suis moins méchant que vous, et pourtant notre devoir serait peut-être de vous éclairer.

DOMINIQUE. — Assez de réticences, je vous somme de vous expliquer.

BRACONY. — Mais il ne sait rien du tout, ma chère amie.

BÉHOPÉ. — Il est à moitié gris.

BRACONY. — Il ne pourrait qu'inventer.

MARIOTTE, prêt à éclater. — Inventer? Puisqu'il en est ainsi!...

BRACONY. — Tais-toi donc, animal, tu as assez bavardé.

MARIOTTE. — Soit.

DOMINIQUE. — Vous avez raison. Il ne pourrait qu'inventer. S'il savait quelque chose, ce n'est pas la charité qui lui fermerait la bouche. Quand le vin lui a délié la langue, il dirait du mal de sa mère, plutôt que de ne pas parler.

MARIOTTE. — Ne me défiez pas, je vous le conseille.

DOMINIQUE. — Comment pourriez-vous garder le secret des autres, vous qui criez sur les toits le nom de vos maîtresses? Ah! je plains la pauvre femme qui vous demanderait un peu de mystère. Dieu fasse qu'on ne vous rencontre pas ensemble, vous lui arracheriez sa voilette du visage afin qu'on la reconnût!

MARIOTTE, à bout. — Pourtant, si l'on venait chez moi, on ne trouverait pas ses lettres d'amour étalées sur ma table et cyniquement ouvertes.

BÉHOPÉ. — Et tu ne les donnerais pas à lire à tes amis!

MARIOTTE. — Ou à mon domestique.

DOMINIQUE. — Comme Prieur? C'est à lui que vous pensez.

MARIOTTE, à Bracony. — Hein? tu te souviens, le jour où nous étions ensemble dans son cabinet de toilette?

BRACONY. — Je n'étais pas là. Tu te trompes.

MARIOTTE, à Béhopé. — Allons donc! Il prenait son bain, et on lui faisait les ongles, quand on lui apporta une lettre. Tranquillement, il donna l'ordre à son valet de chambre de l'ouvrir, et celui-ci la lut à haute voix, en domestique dressé à ce métier délicat.

DOMINIQUE. — Vous mentez!

MARIOTTE. — J'étais présent.

DOMINIQUE. — Et c'était une lettre de femme?

MARIOTTE. — Sur l'honneur. (A Béhopé.) Une bien plus forte encore, et du même genre.

BRACONY. — Te tairas-tu?

DOMINIQUE. — Je veux qu'il parle.

MARIOTTE, à Béhopé et à Bracony. — Un soir, chez Durand, nous étions en train de souper avec des camarades.

DOMINIQUE. — Et des filles.

MARIOTTE. — Au moment du café, le chasseur entra et lui remit un billet écrit au crayon. Une femme l'attendait en bas, dans un fiacre. Comme la lettre du cabinet de toilette, le pauvre chiffon de papier fut lu devant tout le monde, mais cette fois par lui-même, avec force commentaires. Il en fabriqua un petit bateau qu'il donna à sa voisine, et il fit dire qu'il n'y avait pas de réponse.

DOMINIQUE. — Quelle infamie!

BRACONY. — Et quand, par hasard, il répondait, ce n'était pas plus chic. Quand j'étais avec lui en Hollande, il ne sortait pas de ses lettres sentimentales et...

DOMINIQUE. — C'est-à-dire?

BRACONY. — Il était toujours en quête de clichés, et, à chaque instant, il me mendiait des épithètes amoureuses.

MARIOTTE. — Quelque chose de soigné.

DOMINIQUE. — Le sacrilège!

BÉHOPÉ. — Et maintenant, si vous désirez savoir !...

DOMINIQUE. — Assez, taisez-vous, je ne veux pas en savoir davantage. De quel droit me dites-vous tout cela? C'est indigne!

Elle fond en larmes.

BÉHOPÉ, honteux. — Ces potins ne vous concernent pas.

DOMINIQUE. — Allons donc!

MARIOTTE. — Ce n'est pas vous que je désignais.

DOMINIQUE. — Vous mentez.

BRACONY. — Il ne vous connaissait pas encore.

DOMINIQUE. — Peu importe! Je suis la dernière à qui vous deviez apprendre ces choses. Voilà une cruauté que lui n'aurait pas commise. Une cruauté inutile.

MARIOTTE. — C'est votre faute aussi, il ne fallait pas nous provoquer.

DOMINIQUE, avec désespoir. — Ah ! il lisait mes lettres devant vous? Ah! il me tournait en ridicule? Eh bien! il a bien fait, si je l'embêtais.

BÉHOPÉ. — Calmez-vous, Dominique.

DOMINIQUE. — Et puis, quand il aurait été lâche et perfide avec moi, rien ne prouve qu'il l'eût été avec d'autres. D'autres ont pu réussir là où j'ai échoué. Tant pis pour moi. Si j'avais eu plus d'adresse ou de charme, ce ne serait pas arrivé.

Elle pleure.

BRACONY, à Béhopé et à Mariotte. — Elle l'adore.

Scène III

LES MÊMES, ODILE

ODILE. — Regarde, regarde, Dominique.

Elle lui remet une carte de visite.

DOMINIQUE, aux autres. — Tenez, voici sa carte. Vous allez pouvoir lui exprimer votre façon de penser.

BRACONY. — Lui, chez vous?

BÉHOPÉ. — Prieur?

DOMINIQUE. — Que vient-il faire dans ma vie, celui-là?

BRACONY, affectueusement. — Prenez garde, Dominique.

MARIOTTE. — Réfléchissez.

DOMINIQUE. — Je n'ai pas peur.

ODILE. — Qu'est-ce qu'il faut que je lui dise?

Un silence.

BÉHOPÉ. — Dominique, je vous en conjure...

MARIOTTE. — Au nom de votre repos, ne le recevez pas.

DOMINIQUE, à Odile. — Fais-le entrer.

BRACONY. — C'est dommage.

DOMINIQUE, prenant une glace. — Cachons-les, ces cheveux blancs, puisqu'ils indiquent si mal l'âge de mon cœur.

Scène IV

LES MÊMES, FRANÇOIS

FRANÇOIS. — Madame... (A Mariotte.) Tiens, Mariotte. (A Bracony.) Tu vas bien, Bracony?

BRACONY. — Comme un vieux parasite.

BÉHOPÉ. — Bonjour, François.

FRANÇOIS, du bout des lèvres. — Bonjour.

BÉHOPÉ, dévisageant François. — Eh! Eh!

FRANÇOIS. — Tu me trouves fané, hein?

BÉHOPÉ. — Tu as laissé tomber quelques cheveux par terre.

FRANÇOIS. — Tu ne les as pas ramassés?

DOMINIQUE. — Vous avez quelque chose à me dire?

FRANÇOIS. — Si vous y consentez.

MARIOTTE, à Dominique. — Nous vous abandonnons.

BÉHOPÉ, prêt à sortir. — Alors, aux Folies-Bergère, à dix heures?

BRACONY, à Mariotte. — Nous allons tous être fichus à la porte.

Ils sortent.

Scène V

FRANÇOIS, DOMINIQUE

FRANÇOIS. — Mon Dieu, madame, j'aurais peut-être dû vous envoyer un ami à ma place, ou vous écrire ce que j'étais si impatient de vous demander.

DOMINIQUE. — Le crime n'est pas grand.

FRANÇOIS. — Pardonnez-moi cette incorrection, mais je me trouvais à deux pas de chez vous et j'étais tellement ému des choses qu'on venait de me rapporter que, ma foi, je suis monté avant de réfléchir.

DOMINIQUE. — Nous allons voir si vous avez eu raison. Le premier mouvement est quelquefois le meilleur.

FRANÇOIS. — De grâce, aidez-moi.

DOMINIQUE. — Asseyez-vous, je vous écoute.

FRANÇOIS. — Voilà... c'est que... sur le point de commencer, j'hésite. Maintenant que je suis en face de vous, je sens tout ce que ma démarche a d'insolite et de choquant.

DOMINIQUE. — Le plus difficile est accompli pourtant.

FRANÇOIS. — Au surplus, puisqu'on parle de votre mariage, je pense que cette démarche vous semblera moins déplacée qu'à tout autre moment.

DOMINIQUE. — Dites toujours.

FRANÇOIS. — Je réclame votre indulgence... C'est de Mme Bellangé qu'il s'agit.

DOMINIQUE. — Nous voilà très à l'aise. Expliquez-vous.

FRANÇOIS. — Je la quitte à la seconde. Elle sortait d'ici, et elle m'a répété votre conversation.

DOMINIQUE. — Ah!

FRANÇOIS, debout. — La confidence que vous lui avez faite, les conseils que vous lui avez prodigués, et notamment votre opinion sur mon compte l'ont beaucoup troublée. Elle aurait avec vous un nouvel entretien de ce genre qu'elle serait femme à prendre une détermination dont je... qui... Bref, je viens vous demander de ne pas la réconcilier avec son mari.

DOMINIQUE. — Vous m'avez donc bien oubliée depuis huit ans, monsieur, pour me croire capable d'une action mesquine.

FRANÇOIS. — Vous vous méprenez.

DOMINIQUE. — Vraiment, si j'étais moins modeste, je pourrais me figurer que c'est la curiosité, et non l'inquiétude, qui vous a conduit chez moi.

FRANÇOIS. — Je ne mets pas votre délicatesse en doute.

DOMINIQUE. — Moi, je trouve que vous en doutez et je désire préciser les faits. Quand j'ai donné à Mme Bellangé des conseils que toute femme un peu expérimentée lui aurait donnés ; quand, pour la prémunir contre des mécomptes possibles, je lui ai raconté certaines déceptions de ma vie, j'ignorais l'intérêt que vous lui portiez, je ne savais même pas que vous vous connaissiez.

FRANÇOIS. — Dans ce cas!...

DOMINIQUE. — Dès l'instant où votre nom a été prononcé, j'ai laissé de côté cette histoire de réconciliation.

FRANÇOIS. — Vous n'avez pas besoin de vous défendre.

DOMINIQUE. — Ce détail a son importance, vous en conviendrez, et Mme Bellangé, qui vous a rapporté tant de choses, aurait dû, par la même occasion, vous rapporter de quelle façon et à quel moment je les avais dites...

FRANÇOIS. — Nous étions troublés tous les deux. Elle se sera mal expliquée, ou je l'aurai mal comprise.

DOMINIQUE, vivement. — C'est fâcheux. Mais vous pouvez vous rassurer l'un et l'autre, je n'ai pas l'intention de vous désunir.

FRANÇOIS, prêt à sortir. — Je vous demande pardon.

DOMINIQUE, avec émotion. — Si je revois Mme Bellangé, quelle que soit l'inquiétude de ma conscience, je vous promets de réparer le tort que je vous ai causé involontairement...

FRANÇOIS. — J'en suis convaincu.

DOMINIQUE. — J'espère que vous ne me ferez pas trop mentir et que je ne contribuerai pas au malheur d'une amie.

FRANÇOIS, avec gêne. — Vous êtes la seule à laquelle je ne puis confier mes sentiments pour une autre; cependant, vous le devinez, si je n'étais agité que par une simple fantaisie, je n'aurais jamais eu l'audace de sonner à votre porte, après tant d'années d'ingratitude.

DOMINIQUE. — Probablement.

FRANÇOIS, avec tristesse, s'animant peu à peu. — Mon Dieu, je n'entends pas affirmer par là que ces sentiments dureront toujours. Personne n'est sûr de soi. Quel est l'homme qui ne change pas?

DOMINIQUE. — Vous, du moins.

FRANÇOIS. — La nature humaine est si faible, si médiocre.

DOMINIQUE. — C'est le mot...

FRANÇOIS. — Chaque heure nouvelle est pleine d'embûches et de surprises... On adore une maîtresse, de bonne foi on lui donne sa vie, de bonne foi encore, on réclame la sienne en échange... et puis, il ne faut qu'un hasard, une émotion inattendue, une démarche quelconque; et la femme choisie entre toutes devient subitement un embarras pour le cœur et la conscience...

DOMINIQUE. — Taisez-vous!

FRANÇOIS. — On s'aperçoit avec épouvante qu'elle n'est déjà plus qu'une étrangère importune, et même on se découvre une incroyable dureté, en songeant à son prochain désespoir.

DOMINIQUE. — Elle aussi!

FRANÇOIS. — Je dépasse ma pensée. Tenez, renvoyez-moi, madame, car je me sens envahi par toutes sortes de regrets, et, malgré moi, j'oublie en vous voyant... pour qui je suis venu...

DOMINIQUE. — Vous perdez la raison.

FRANÇOIS. — Je ne devrais pas le dire, mais je suis très ému, plus ému que je n'aurais supposé. Depuis que je suis là, je vous regarde avec tristesse, avec étonnement, je vous regarde comme un beau livre que j'aurais lu trop jeune pour en comprendre la valeur.

DOMINIQUE. — La vie!

Un silence.

FRANÇOIS. — Ah! Dominique! comment ai-je pu vous méconnaître, vous?

DOMINIQUE. — Je n'ai pas eu de chance.

FRANÇOIS. — Quelle injustice!

DOMINIQUE. — Vous trouvez?

FRANÇOIS. — Vous m'en avez beaucoup voulu, n'est-ce pas?

DOMINIQUE. — J'ai beaucoup souffert.

FRANÇOIS. — Ah!

DOMINIQUE. — Faisons une croix là-dessus et n'en parlons plus.

FRANÇOIS. — Si.

DOMINIQUE. — Je préfère.

Un silence.

FRANÇOIS, tourmentant une chaise, avec le désir de se rasseoir. — Je peux?

DOMINIQUE, acquiesçant. — Mais, moi aussi, je suis contente de vous voir.

FRANÇOIS. — Vraiment?

DOMINIQUE. — Revenons à Mme Bellangé.

FRANÇOIS. — Eh bien! en y réfléchissant, il me semble... (Se levant.) C'est ici que vous vivez tous les jours? (Feuilletant des livres.) Sully Prudhomme, Fromentin, Michelet, Renan, des âmes pures...

DOMINIQUE. — Je n'ai pas changé.

FRANÇOIS, désignant le buste de Maurice. — C'est lui?

DOMINIQUE. — Allons, ne commencez pas à manquer de tact.

FRANÇOIS. — Pardon, je suis pareil à un enfant qui ne se rend pas compte de son émotion, et qui rit lorsqu'il devrait pleurer...

DOMINIQUE. — Soyez léger, j'aime encore mieux ça.

FRANÇOIS. — Aucun objet, pas un souvenir de moi dans cette chambre.

DOMINIQUE. — En cherchant bien.

FRANÇOIS. — Vous aviez de vieilles épées dans le temps.

DOMINIQUE. — Elles sont restées à Chaville.

FRANÇOIS. — Vous y êtes retournée quelquefois?

DOMINIQUE. — Rarement.

FRANÇOIS. — Vous avez beau faire, votre maison est toujours voisine de la mienne.

DOMINIQUE. — Comment la vôtre n'a-t-elle pas changé de place? Je me le demande.

FRANÇOIS. — Les choses sont moins capricieuses que nous... Ce matin, je regardais vos fenêtres.

DOMINIQUE. — Vous êtes donc là-bas en ce moment?

FRANÇOIS. — Depuis quelques jours... La haie est plus haute entre nos deux jardins... C'est sérieux, votre mariage?

DOMINIQUE. — Presque.

FRANÇOIS, *considérant une ébauche.* — Bien trouvé, ce mouvement. Vous êtes une véritable artiste, on a raison de le proclamer.

DOMINIQUE. — Si je n'avais pas eu de chagrins, je n'aurais probablement pas travaillé.

FRANÇOIS. — Au fond de tout talent de femme, il y a un bonheur manqué.

DOMINIQUE. — Je le crois.

FRANÇOIS. — Ça vous amuse beaucoup d'être connue?

DOMINIQUE. — Il faut bien se contenter de ce qu'on a.

FRANÇOIS. — Alors, ce n'est pas la gloire que vous auriez choisie?

DOMINIQUE. — Vous êtes bête.

FRANÇOIS. — Vous rappelez-vous quand je vous ai menée chez Frémiet?

DOMINIQUE. — Lui ai-je déplu, hein?

FRANÇOIS. — Il a refusé de vous donner des conseils.

DOMINIQUE. — J'avais pourtant une fière envie d'être son élève!

FRANÇOIS. — Et quelle pluie en sortant de son atelier! Il tonnait. Nous ne pouvions pas trouver de voiture, et vous aviez une peur des éclairs...

DOMINIQUE. — Je suis toujours aussi lâche.

FRANÇOIS. — Et une fois dans ce fiacre, vous vous abritiez dans mes br...

DOMINIQUE, *gaiement.* — Hé! là-bas! vous oubliez Toinette!

FRANÇOIS. — Il y a huit à neuf ans de cela! Comme le temps va vite!...

DOMINIQUE. — J'ai caché mes cheveux blancs quand vous êtes entré.

FRANÇOIS. — Eh bien! Vous ne me croirez pas, autrefois vous étiez moins jolie.

DOMINIQUE. — Vous êtes bon.

FRANÇOIS. — Parole! Vous venez d'enlaidir subitement toutes les femmes que je connais.

Un silence.

DOMINIQUE. — Voyons, maintenant que tout cela est fini, dites-moi un peu, pourquoi avez-vous disparu de cette façon?

FRANÇOIS. — Ne m'interrogez pas.

DOMINIQUE. — Je voudrais savoir.

FRANÇOIS. — Vous allez me détester si je parle.

DOMINIQUE. — C'est donc bien laid?

FRANÇOIS. — Ne gâtons pas cette minute.

DOMINIQUE. — Vous étiez sorti avec un de vos amis, et nous devions dîner ensemble le soir même... et pas une lettre, pas la moindre explication, aucun signe de vie! pourquoi?

FRANÇOIS. — Pour rien.

DOMINIQUE. — Personne ne vous avait défendu de m'écrire?

FRANÇOIS. — Personne.

DOMINIQUE. — Allons donc!

FRANÇOIS. — Ne cherchez pas de femme dans ma vilaine action, il n'y en a pas.

DOMINIQUE. — Vous en aviez assez, tout bonnement... et vous vous êtes échappé?...

FRANÇOIS. — Si je vous avais dit adieu, je ne serais pas parti.

DOMINIQUE. — C'est encore plus triste que je ne pensais.

FRANÇOIS. — Tenez, je suis resté cinq minutes de trop.

Un silence.

DOMINIQUE, *lui tendant son chapeau.* — Voici votre chapeau.

FRANÇOIS. — Au revoir.

DOMINIQUE. — Adieu.

FRANÇOIS, *revenant sur ses pas.* — Au fait, j'y songe, et Mme Bellangé? Qu'est-ce que nous en faisons?

DOMINIQUE. — Gardez-la.

FRANÇOIS. — Vous croyez que c'est mieux?

DOMINIQUE. — Elle est adorable.

FRANÇOIS. — Si vous la raccommodiez avec son mari?

DOMINIQUE. — Vous voulez encore que je me fâche?

FRANÇOIS. — Oh! non... Mon Dieu, puisque vous l'exigez, gardons-la. Après tout, la sagesse est de ce côté, et puis...

DOMINIQUE. — Vous y tenez peut-être beaucoup, sans vous en douter.

FRANÇOIS. — Ah! on ne devrait jamais monter quatre étages pour annoncer à quelqu'un qu'on est amoureux. Déjà, sur le palier du deuxième, j'éprouvais une vague sensation d'indifférence.

DOMINIQUE. — Presque de soulagement.

FRANÇOIS. — Comme chez le dentiste, quand on sonne.

DOMINIQUE. — Prenez garde, vous pourriez bien l'aimer de nouveau, en descendant l'escalier.

FRANÇOIS. — Vous me faites peur. Bah! je ne risque rien. Et cependant, si je considère un peu cette aventure, je ne regrette pas de... Elle est charmante, en effet.

Il tourmente sa montre.

DOMINIQUE. — Laissez donc votre montre tranquille.

FRANÇOIS. — C'est en lui entendant prononcer votre nom que j'ai désiré la connaître, sans quoi!...

DOMINIQUE. — Ne soyez pas indélicat par galanterie.

FRANÇOIS, *déposant son chapeau.* — Demandez-lui si je mens.

DOMINIQUE. — Reprenez votre chapeau.

FRANÇOIS. — Ma foi, vous faites bien de me mettre à la porte, j'ai toutes sortes de bêtises sur les lèvres.

DOMINIQUE. — Déjà!

FRANÇOIS. — Je me sauve. D'abord, si je ne m'en allais pas brusquement, je ne m'en irais pas.

DOMINIQUE. — Comme autrefois...

FRANÇOIS. — Et je serais encore là demain matin... (Avec amour.) Je voudrais bien.

DOMINIQUE. — Dépêchez-vous donc.

Il cherche à lui baiser la main. Elle refuse.

FRANÇOIS. — On ne peut pas vous baiser la main?

DOMINIQUE. — Mais non.

FRANÇOIS. — Tant pis... J'aurais été content de... un petit peu...

DOMINIQUE, lui tendant la main. — Soit, gamin malfaisant!

FRANÇOIS, lui baisant la main. — A la bonne heure! Et merci pour votre indulgence. Dire que j'en aurai toujours besoin!...

DOMINIQUE. — S'il n'y avait pas toujours quelque chose à vous pardonner, vous ne seriez pas vous.

FRANÇOIS. — Vous me permettez de revenir?

DOMINIQUE. — Vaut mieux pas.

FRANÇOIS, gaiement. — Mais je possède encore vos lettres; la délicatesse me commande de vous les rapporter.

DOMINIQUE. — Attendez que je vous les réclame.

FRANÇOIS. — Alors on ne deviendra jamais de vieux amis?

DOMINIQUE. — Impossible, vous le savez bien.

FRANÇOIS. — Essayons.

DOMINIQUE. — A quoi bon? Je vais me marier.

FRANÇOIS. — Quelle blague!... Voulez-vous de moi après-demain à trois heures?

DOMINIQUE. — Après-demain? Vous êtes fou!

FRANÇOIS. — Je repars lundi pour Londres.

DOMINIQUE. — A votre retour.

FRANÇOIS. — A mon retour? Mais je n'aurai pas de congé avant un mois.

DOMINIQUE. — Vous vous passerez de permission, voilà tout.

FRANÇOIS. — Et mon chef!

DOMINIQUE. — Combien de fois par semaine traversez-vous la Manche? Ne mentez pas.

FRANÇOIS. — Ça dépend...

DOMINIQUE. — De la femme commencée? (Gravement.) Entre nous, avouez que j'ai de la chance d'être guérie, complètement guérie.

FRANÇOIS. — Mon Dieu...

DOMINIQUE. — Répondez honnêtement.

FRANÇOIS, avec amitié. — Eh bien! oui, peut-être, car au fond, je n'ai pas changé, quoi que j'en dise. C'est à croire que ma destinée est de mentir et de tromper. Si vous aviez la folie de m'aimer encore, sans le vouloir, je vous ferais encore du mal, et cette fois, ce serait criminel, abominable. Je préfère en décevoir une autre que vous. Adieu, Dominique.

DOMINIQUE. — Adieu.

FRANÇOIS. — Je vais tâcher de ne pas revenir.

Il sort.

Scène VI

DOMINIQUE, MAURICE, puis ODILE

Un long silence.

DOMINIQUE, charmée. — C'est lui qui est mieux qu'autrefois. (Apercevant Maurice.) Ah!

MAURICE, avec embarras. — Je devrais être là depuis longtemps, mais j'ai été obligé de passer chez votre amie, Mme Bellangé.

DOMINIQUE. — Qu'est-ce qu'il y a donc?

MAURICE. — Sa petite fille est un peu malade.

DOMINIQUE. — Hélène?

MAURICE. — Elle a été prise d'un accès de fièvre en rentrant et, comme sa mère était sortie, l'Anglaise a eu peur et m'a envoyé chercher. Rien de sérieux.

DOMINIQUE, machinalement. — Vous êtes sûr?...

ODILE. — Je peux servir?

DOMINIQUE. — Quand tu voudras.

MAURICE, un peu ému. — Ce monsieur que j'ai croisé sur le palier, c'est M. Prieur, n'est-ce pas?

DOMINIQUE. — Oui.

Elle tombe assise et fond en larmes.

ACTE III

Un salon à la campagne. Deux portes vitrées, une au milieu, une à gauche, en pan coupé. Jardin au fond, autre porte à gauche, communiquant avec l'appartement ; cheminée à droite. Une table à jeu déployée ; sur cette table, des cartes éparses en désordre. Sur une gaine, un groupe en marbre à moitié brisé. Livres, tableaux, armes, souvenirs, etc. Six heures du soir, environ.

Scène première

DOMINIQUE, BRACONY, MAURICE

Dominique debout près de Bracony ; Bracony assis et lisant, Maurice achevant une lettre.

DOMINIQUE, à Bracony. — A quoi pensez-vous?

BRACONY. — Ça se voit donc, quand je pense?

DOMINIQUE, en riant. — Vous prenez tout de suite un air bête.

BRACONY, la menaçant de son livre. — Dites donc, vous!

DOMINIQUE. — Tenez-vous un bon livre, au moins?

BRACONY. — Une revue que Mme Bellangé m'a prêtée.

DOMINIQUE, d'un ton moqueur. — La *Revue de Paris*? Antoinette?

MAURICE. — Elle l'a achetée devant moi, l'autre jour, chez le petit libraire de Chaville.

BRACONY. — Tiens! où donc est Béhopé? Il a disparu.

DOMINIQUE. — Il est monté s'habiller.

Bracony consulte sa montre.

MAURICE, à Bracony, désignant la table à jeu. —Voici les vingt francs que vous m'avez gagnés.

BRACONY. — Je n'ai pas de remords, docteur ; vous en aurez regagné cent d'ici ce soir.

DOMINIQUE. — Vous avez beaucoup de malades à voir aujourd'hui?

MAURICE. — Deux ou trois dans le village, et un autre un peu plus loin, à Viroflay, sur la côte.

BRACONY. — Dès qu'un médecin de Paris va se reposer à la campagne, il est accaparé par tous les Parisiens en vacances.

MAURICE, à Dominique. — Je ne m'en plains pas toujours. C'est ainsi que je vous ai connue.

DOMINIQUE. — Et tendrement soignée.

MAURICE. — Mais pas guérie. Si vous m'avez gardé une ombre de reconnaissance, vous m'accompagnerez tout à l'heure jusqu'à Viroflay.

DOMINIQUE. — A pied?

MAURICE. — Ou en voiture. Dites oui, j'en aurais beaucoup de joie.

BRACONY. — Mais Dominique en aurait peut-être un peu moins.

DOMINIQUE. — Il ne s'en apercevrait pas...

MAURICE. — Dame, on s'illusionne souvent à côté d'une femme. On est toujours tenté de croire que le plaisir qu'on éprouve est un plaisir partagé.

DOMINIQUE. — Ne m'en veuillez pas trop, Maurice. Je n'ai guère envie de sortir en ce moment.

BRACONY. — D'abord, vous n'avez pas le droit de sortir avec lui.

BRACONY. — Signe d'union!

DOMINIQUE. — Et pourquoi donc, s'il vous plaît?

BRACONY. — Vous m'avez promis ce matin de m'accompagner à six heures chez Mme Hédouin.

DOMINIQUE. — A huit heures pour dîner.

BRACONY. — A six heures pour entendre de la musique de Mariotte.

MAURICE. — Chantée par Mme Cordier.

DOMINIQUE. — C'est drôle!... Je ne me souviens pas du tout de cette promesse.

BRACONY. — Demandez à Béhopé, il était là.

DOMINIQUE, se levant. — Ne vous mettez pas en colère, je vais m'habiller.

BRACONY, prêt à sortir. — Moi aussi.

MAURICE. — Au fond, il n'y a que mes malades qui me désirent.

DOMINIQUE, se dirigeant vers la porte. — Obéissons! mais quel ennui de changer de robe!

MAURICE. — Pourquoi ne gardez-vous pas cette blouse?

DOMINIQUE. — Elle vous plaît?

MAURICE. — Je vous aime beaucoup là-dedans.

BRACONY. — Je ne sais pas de quoi ça dépend, mais vous êtes plus jolie à la campagne qu'à Paris.

DOMINIQUE. — Je suis moins laide ici parce que nous sommes entre nous. Le monde ne me va pas, à moi.

MAURICE. — Elle est charmante, en liberté.

BRACONY. — Elle a vingt ans!

MAURICE. — Depuis un mois.

DOMINIQUE. — Vingt ans! Quelle chance!

MAURICE. — C'est égal! je préférais la Dominique de Paris, celle qui ne mettait pas de henné dans ses cheveux.

DOMINIQUE. — Vous n'êtes jamais content, vous.

MAURICE. — Je voudrais bien l'être!

BRACONY. — Tâchez donc d'être un Oreste un peu gai.

DOMINIQUE, se regardant dans une glace. — Voyons cette jolie femme! Hum! Pas brillante. (Avec mélancolie.) Et dire que l'année prochaine, je regretterai ce visage-là!

BRACONY, à Dominique. — Allons, montez, dépêchez-vous!

MAURICE, tendrement à Dominique. — Ne vous dépêchez pas.

DOMINIQUE, souriante. — Je sens que je vais manquer de parole à tout le monde aujourd'hui.

MAURICE. — J'aime autant ça.

DOMINIQUE, s'arrêtant en chemin. — Oh! cette bande d'hirondelles sur la maison d'à côté.

MAURICE. — Signe d'orage.

DOMINIQUE. — Comme elles sont serrées les unes contre les autres!

MAURICE. — Pourquoi, bon Dieu, regardez-vous toujours par là?

BRACONY. — Vous avez l'air de guetter quelqu'un.

DOMINIQUE. — Je croyais voir entrer le père Bouquet dans mon atelier.

MAURICE. — Le père Bouquet?

BRACONY. — Son praticien.

DOMINIQUE. — Je lui ai écrit de venir prendre le buste de la petite Hélène.

BRACONY. — La maquette est donc finie?

DOMINIQUE. — Oui, et je l'attends.

BRACONY. — Blagueuse! l'atelier est à droite et vous regardiez à gauche.

MAURICE. — Du côté de M. Prieur.

DOMINIQUE. — Naturellement.

MAURICE. — Ah! je comprends!... ses volets viennent de s'ouvrir!

DOMINIQUE. — C'est la première fois.

BRACONY. — Enfin, nous allons revoir ce cher François.

DOMINIQUE. — Je vous en prie, ne me persécutez pas avec M. Prieur, il est à Londres.

MAURICE. — Vous seriez moins nerveuse s'il était loin.

BRACONY. — Avouez-le. Vous n'avez offert l'hospitalité à Mme Bellangé que pour vous rapprocher de lui.

DOMINIQUE. — D'abord, je n'ai pas offert l'hospitalité à Toinon, vous le savez bien, c'est elle qui me l'a demandée.

BRACONY. — Avec ça!

DOMINIQUE. — Oui, c'est elle. Il y a quinze jours, au moment de la convalescence de sa fille... Les médecins avaient ordonné la campagne pour Hélène, rappelez-vous, docteur?

MAURICE. — Je me souviens.

DOMINIQUE, à Bracony. — M. Prieur était alors à Londres, retenu par les affaires de son ambassade, et pas un cœur ne le réclamait à Paris.

BRACONY. — Excepté le vôtre.

DOMINIQUE. — Ou celui d'Antoinette.

MAURICE. — Tous les deux.

DOMINIQUE. — Vous m'ennuyez, à la fin. Que diable, si j'avais eu les intentions que vous me prêtez, je ne vous aurais pas attirés chez moi.

BRACONY. — Pardon, c'est nous qui vous avons suivie.

DOMINIQUE. — Par amitié?...

BRACONY. — Par habitude.

MAURICE. — Par jalousie.

BRACONY. — Continuez, moi, je vous abandonne.

Scène II

MAURICE, DOMINIQUE

DOMINIQUE. — Je renonce à sortir, je ne vous demande pas de rester.

MAURICE, immobile. — Je n'en doute pas.

DOMINIQUE. — C'est la jalousie qui vous retient?

MAURICE. — Oui.

DOMINIQUE. — Si vous demeurez là pour me tourmenter, vous feriez mieux d'aller soigner vos malades. Voilà une heure que vous êtes tous acharnés après moi. J'en ai assez. Laissez-moi tranquille.

MAURICE. — Je ne vous dis rien.

DOMINIQUE. — Vous ne me dites rien, mais je sens déjà l'interrogatoire de toute votre personne.

MAURICE. — Je ne le nie pas.

DOMINIQUE. — Vous n'avez pas besoin de me faire de la morale, allez. Je me suis tout dit. Et puis, que signifient les conseils, en pareil cas? Je vous le demande un peu! L'expérience n'a jamais démontré qu'une chose : c'est que les mêmes bêtises sont toujours recommencées par les mêmes individus.

MAURICE. — La théorie est commode.

DOMINIQUE. — Il arrivera ce qui doit arriver, tant pis. Ce n'est ni vous ni moi qui pourrons l'empêcher.

MAURICE. — Je vous aurais crue moins lâche.

DOMINIQUE. — Moi aussi.

MAURICE. — A quoi tiennent les événements! Vous ne l'auriez pas rencontré, il y a trois semaines, à la porte d'un théâtre, que vous ne penseriez peut-être pas à lui en ce moment.

DOMINIQUE. — Quelle illusion, mon ami!

MAURICE. — Dans tous les cas, vous n'envisageriez pas les choses de la même façon.

DOMINIQUE. — Le mal est plus vieux que vous ne croyez.

MAURICE. — N'exagérez pas. Puisqu'il avait eu le bon esprit de disparaître après son étrange visite, vous n'auriez pas été le chercher, j'en suis bien sûr. Si vous ne l'aviez pas revu, vous n'auriez jamais eu l'idée de vous installer ici.

DOMINIQUE. — Vous ne connaissez guère le cœur des femmes.

MAURICE. — C'est égal, mon inspiration n'a pas été fameuse le jour où je vous ai conduite au *Tannhauser*.

DOMINIQUE, presque à elle-même. — Nous nous sommes croisés à la sortie. Il ne m'a même pas regardée. Mais, rien qu'en l'apercevant, j'ai regretté de ne pas être sa maîtresse.

MAURICE. — Dominique!...

DOMINIQUE. — Il m'aurait dit de le suivre que j'aurais obéi. Tenez, Maurice, allez-vous-en, car je ne pourrais que vous parler de lui et je vous ferais de la peine.

MAURICE. — Ma peine est un détail.

DOMINIQUE. — Faut-il que je souffre, mon pauvre ami, pour m'entretenir de ça avec vous!

MAURICE. — Dites, je comprendrai tout. J'ai dans le cœur autant d'amitié que d'amour, vous le savez bien.

DOMINIQUE. — Je ne pense qu'à lui depuis ce soir-là! J'y pense tout le temps. Je ne peux pas penser à autre chose. A quoi me servirait de lutter? Ma volonté est abolie. Je ne suis plus libre.

MAURICE. — Comme dans la tragédie antique! La fatalité mène l'action!

DOMINIQUE. — Je l'aime, je l'aime, je n'ai jamais cessé de l'aimer. Je lui pardonne tout le mal qu'il m'a fait, et tout celui qu'il va me faire encore.

MAURICE. — Vous en êtes là!

DOMINIQUE. — C'est pour lui, c'est pour le voir, c'est pour entendre parler de lui que je suis revenue dans cette maison. La chose n'était pas bien difficile à démêler, parbleu!

MAURICE. — Comme vous l'aimez!

DOMINIQUE. — Dieu sait pourtant si ces murs ont été témoins de scènes atroces!... Je peux dire que j'ai promené ma désolation dans chacune de ces pièces. J'ai pleuré dans cette chambre, j'ai pleuré dans celle-ci, j'ai pleuré partout. Tenez, là, où vous êtes, près de cette table, une soirée entière j'ai été insultée par lui. J'entends encore sa voix méchante. Et chaque meuble pourrait raconter une histoire semblable... De chaque objet se lève un souvenir humiliant... Mais tout ici, tout, jusqu'à ce groupe à moitié brisé, atteste ses emportements.

MAURICE. — Ma pauvre amie!

DOMINIQUE. — Voilà, voilà ce que j'ai été si pressée de retrouver. Non, je n'ai pas offert cette triste maison à mon amie ; Mme Bellangé m'a demandé d'y venir, la chose est exacte, mais bien certainement, sans m'en rendre compte, j'ai dû lui en suggérer le désir par toutes sortes d'habiletés jésuitiques.

MAURICE. — Ça vous ressemble peu.

DOMINIQUE. — Ne croyez pas que le hasard a seul dirigé les événements. Non, non, c'est parce que je l'ai voulu qu'Antoinette est ici, que nous y sommes tous, et qu'un autre y sera bientôt.

MAURICE. — Il ne faut pas qu'il y revienne, il ne le faut pas.

DOMINIQUE. — Je me moque bien de la santé de la petite... Pauvre enfant! Ce qui se passe dans le cœur de sa mère me soucie davantage... Ah! mon ami, qu'est-ce que votre jalousie à côté de la mienne? Si vous saviez!... Je rôde autour de son amour avec indélicatesse. Je ne peux pas vous répéter les questions que je lui pose, et encore moins celles que je n'ose pas articuler. La moindre lettre que lui apporte le facteur me bouleverse. J'attends une ombre sur son visage. Je me réjouis de l'indifférence de son amant, et je suis toute prête à profiter de son chagrin.

MAURICE. — C'est vous que j'entends?

DOMINIQUE. — Oui, c'est moi, Dominique, moi, votre force morale à tous.

MAURICE. — Vous si vaillante, si scrupuleuse!

DOMINIQUE. — Je n'aimais pas quand j'avais tant de qualités.

MAURICE. — Ainsi la perspective d'une trahison vulgaire ne vous épouvante pas?

DOMINIQUE, *éclatant.* — Est-ce qu'un amour infortuné ne signifie pas démence, suppression de toute espèce de droiture et, partant, de toute espèce de dignité?

MAURICE, *vivement.* — Pas toujours.

DOMINIQUE. — Un amour malheureux! Mais c'est la mauvaise foi permanente, mon noble ami; l'attente infatigable, la mendicité quotidienne de la chair et du cœur, et c'est la jalousie! Parlons-en encore! La jalousie, avec son espionnage, sa tendresse policière, son cortège de mensonges, de calomnies, ses visions exactes, ses souvenirs dénaturés; et sa confidence impudique au premier individu qui vous tombe sous la main!

MAURICE. — Vous vous rabaissez à plaisir.

DOMINIQUE. — Résignez-vous, mon cher, je suis différente... Après tout, je peux bien avoir une autre âme, puisque je me suis fabriqué une autre apparence... Est-ce que ces cheveux ne mentent pas?... Pourquoi ne mentirais-je pas aussi? Mais regardez-moi donc, n'ai-je pas changé de toutes les façons?

MAURICE. — Hélas!

DOMINIQUE. — Est-ce que je m'arrangeais comme ça? Il y a un mois, mon petit Maurice, vous vous rappelez, n'est-ce pas? Vous me prêchiez la coquetterie, vous blâmiez mon indifférence en matière de robes! Eh bien, maintenant je m'habille, je vais chez les couturiers, je mets du henné, je m'occupe de moi, je travaille à me rajeunir... Ce que je n'ai pas fait pour vous qui m'aimez, je l'ai fait toute seule pour un autre qui ne songe même pas à moi.

MAURICE. — L'histoire habituelle!

DOMINIQUE. — J'ai trente-huit ans, et à la pensée de sa venue, je suis plus agitée qu'une jeune fille. Vous l'avez remarqué tout à l'heure, quand j'inventais cinquante prétextes, pour ne pas sortir... Je ne vis plus depuis que ces volets sont ouverts. Je vais et viens sans cesse de la maison à la grille. J'ai l'air d'attendre un fiancé. Qu'il vienne, qu'il se hâte! puisqu'il doit venir!... Je ne pourrai pas le voir sans l'adorer... Il fera de moi ce qu'il voudra!... C'est l'amant de ma vie. Je lui appartiens, je suis perdue!

MAURICE. — Eh bien, je ne vous laisserai pas vous perdre, moi, je vous défendrai, si vous ne vous défendez pas.

DOMINIQUE. — Je suis perdue!

MAURICE. — Parce que vous le voulez bien. Commencez par n'avoir pas cette complaisance envers vous-même, et vous serez moins près de commettre une folie; sans compter que cette folie est une mauvaise action.

DOMINIQUE. — Mes scrupules sont morts.

MAURICE. — Vous avez beau constater votre indélicatesse, vous n'en diminuez pas l'importance, vous savez. Triste métamorphose que la vôtre! Vous auriez mieux fait de rester ce que vous étiez.

DOMINIQUE. — Je n'ai pas eu le choix, mon ami.

MAURICE. — Comment! Mme Bellangé habite chez vous, elle est votre protégée, elle vous a confié son secret; et vous méditez de lui prendre son amant! Passe encore si cet homme vous aimait, mais vous n'avez même pas l'excuse d'être souhaitée par lui.

DOMINIQUE. — Taisez-vous!

MAURICE. — Vous venez de me le dire.

DOMINIQUE. — Je l'ai dit, mais je me trompe peut-être!

MAURICE. — Il vous apportera le désespoir, voilà tout.

DOMINIQUE. — Si je souffre à côté de lui, je ne serai pas malheureuse.

MAURICE, *avec douleur.* — Mon Dieu, mon Dieu, qu'est-ce que je pourrais bien inventer pour vous convaincre? Je le vois, mes conseils ne comptent pas, aucun argument ne vous émeut. Vous n'entendez même pas mes paroles. Ah! si seulement je ne vous aimais pas! Je trouverais les mots qu'il faut, vous me croiriez sans peine. Mais je vous aime, je vous aime, et la douleur que j'éprouve à vous écouter anéantit mon intelligence! Pourquoi m'avez-vous choisi pour m'infliger ces choses-là?

Il fond en larmes.

DOMINIQUE. — Vous pleurez, Maurice? Ah! comme je suis coupable envers vous!

MAURICE. — Je vous demande pardon de cette minute de faiblesse et d'égoïsme.

DOMINIQUE. — Ne vous excusez pas.

MAURICE, *avec chaleur.* — Et pourtant ce n'est pas mon intérêt que je défends, c'est le vôtre. Mes rêves à moi n'ont pas d'importance, nous verrons ça à une autre heure. Je ne songe qu'à vous épargner du chagrin, uniquement. Je vous supplie de ne pas braver la destinée, et de rester fidèle à la perfection de votre nature.

DOMINIQUE. — Il est trop tard.

MAURICE, *l'encourageant.* — Allons, tâchez de vous reprendre.

DOMINIQUE. — Me reprendre!

MAURICE. — Oui, vous reprendre!

DOMINIQUE, éperdue. — Eh bien, je vais essayer...

MAURICE. — Vous me le promettez?

DOMINIQUE. — Oui, mais je ne suis pas très sûre de ma bonne foi.

MAURICE. — Promettez toujours, je me charge du reste.

DOMINIQUE. — Je vous promets de ne pas faire de coup de tête. Ne m'en demandez pas davantage.

MAURICE. — Cependant, réfléchissez, cette promesse est illusoire, si vous vous exposez au danger.

DOMINIQUE, vivement. — Je ne veux pas quitter cette maison.

MAURICE. — Entendu ; mais il ne faut plus chercher à le revoir, il ne faut pas le rencontrer, il faut le fuir.

DOMINIQUE. — Je ne veux pas quitter cette maison.

MAURICE. — Vous ne quitterez pas cette maison ; c'est entendu. Toutefois, vous allez sortir immédiatement et avec moi ; et je vais tâcher de vous distraire. Je vous interdis de rester seule en face de vos pensées.

DOMINIQUE, entrainée. — Qu'ai-je fait de mon chapeau?

MAURICE. — Le voici.

DOMINIQUE, avec respect. — Ah! pourquoi ai-je le cœur si plein d'un autre!

MAURICE, avec amour. — Votre pitié et votre droiture m'auraient suffi à moi.

DOMINIQUE. — Gardez-moi tout de même votre amour.

MAURICE, un peu gaiement. — Voulez-vous en causer sur la route de Viroflay?

DOMINIQUE, tristement. — Pas encore.

Scène III

LES MÊMES, BRACONY, BEHOPE, puis ODILE

BÉHOPÉ, du fond. — La voiture est attelée. Vous venez, Dominique?

DOMINIQUE. — Décidément, non.

BRACONY. — J'en étais sûr!

DOMINIQUE. — Partez en avant, mes amis, je vous rejoindrai plus tard avec Antoinette. (Elle sonne.) Il est près de six heures, comment n'est-elle pas rentrée?

BRACONY. — Elle se sera attardée au Bon Marché.

DOMINIQUE, à Bracony. — Mauvaise gale!

BRACONY. — Elle a une tête à exposition de gants, notre amie.

BÉHOPÉ. — C'est une beauté de catalogues.

DOMINIQUE. — Ne la calomniez pas, elle est chez un avoué.

MAURICE. — Un avoué! Voilà qui sent la poudre...

DOMINIQUE. — Vous y êtes! La guerre est commencée entre elle et son mari.

MAURICE. — Mais encore?

DOMINIQUE. — Je vous expliquerai en chemin... Odile, passe-moi un manteau quelconque.

BRACONY. — Comment! vous nous plantez là, et vous osez sortir!

DOMINIQUE. — J'accompagne Maurice jusqu'à l'entrée de Viroflay.

MAURICE. — Je l'enlève.

Odile va au fond et prend un manteau posé sur une chaise.

BÉHOPÉ. — Mes compliments, docteur.

BRACONY, à Odile. — Odile, quand vous aurez fini, vous nous apporterez de la bière.

ODILE, aidant Dominique. — Tu gardes cette robe?

DOMINIQUE. — Je m'habillerai tout à l'heure. Fais attention à Hélène.

ODILE. — Est-ce que l'Anglaise peut l'emmener jusqu'à la grille du château?

DOMINIQUE, s'apprêtant. — Oui, mais qu'elle ne rentre pas trop tard. Si, en revenant de Paris, Antoinette ne trouve pas la petite à la maison, ce sera toute une histoire.

BÉHOPÉ. — Elle est devenue insupportable depuis la scarlatine de sa fille.

MAURICE, à Odile. — Odile, faites ouvrir la porte sur la forêt. Nous sortons par là.

DOMINIQUE, à Maurice. — Soit.

MAURICE. — C'est le plus court pour monter à Viroflay.

DOMINIQUE, désignant la maison de François. — Et de cette façon nous ne risquons pas de mauvaise rencontre?

MAURICE, prêt à sortir. — Vous l'avez dit.

Odile sort.

BRACONY, leur barrant la route. — Un instant! Si j'ai bien compris, vous prenez la voiture?

DOMINIQUE. — Naturellement.

BRACONY. — Eh bien, et moi?

DOMINIQUE. — Eh bien, vous, vous irez à pied.

BRACONY. — Il va falloir marcher?

BÉHOPÉ. — Nous en avons pour cinq minutes.

DOMINIQUE, prête à sortir. — Et on appelle ça un peintre de plein air!

MAURICE, à Dominique. — Mon Dieu, une fois sur la côte, on pourrait bien leur renvoyer le landau. Qu'en pensez-vous, Dominique?

DOMINIQUE. — Et revenir?

MAURICE. — Nous reviendrons par les sentiers, tout doucement.

Odile rentre avec de la bière sur un plateau.

BÉHOPÉ. — Comme deux amoureux.

BRACONY. — Le bois est magnifique.

BÉHOPÉ. — Nous acceptons la combinaison!

DOMINIQUE, sur le seuil. — A une condition. C'est qu'à votre tour, aussitôt arrivés chez Mme Hédouin, vous me renvoyiez la voiture ici.

BRACONY. — Entendu.

DOMINIQUE. — Pas de plaisanterie. J'en ai besoin pour aller dîner là-bas.

BRACONY. — Comptez sur nous.

MAURICE. — Dans dix minutes, votre landau sera devant la porte.

BÉHOPÉ. — Bon, je l'attends sur ce canapé.

Scène IV

BRACONY, BEHOPE, puis ODILE

BRACONY, se versant à boire. — Odile, il faudra remettre cette revue dans la chambre de Mme Bellangé.

ODILE, sortant. — Bien, monsieur.

BÉHOPÉ, tout en buvant. — Elle a commis une jolie maladresse, celle-là, le jour où elle a refusé de se réconcilier avec son mari. Si, maintenant, elle se ravisait, elle ne trouverait plus le même homme devant elle.

BRACONY. — Pourvu que Raymond ne lui ôte pas sa fille!

BÉHOPÉ. — Je connais Antoinette, elle ne se laissera jamais prendre son enfant.

BRACONY. — Drôle de femme! Quoi qu'elle fasse, il faut toujours que la petite soit dans la chambre à côté.

ODILE, entrant. — M. Prieur est là.

BÉHOPÉ. — François?

ODILE. — Il demande madame.

BÉHOPÉ. — Mme Brienne?

ODILE. — Oui, Dominique.

BRACONY. — Vous avez dit qu'elle était sortie, je suppose?

ODILE. — Il a l'air de vouloir attendre.

BRACONY, à Béhopé. — Si... Qu'en penses-tu?

BÉHOPÉ. — Puisqu'il est déjà venu la voir à Paris.

BRACONY. — Faites-le entrer. (A Béhopé.) Sa présence m'intrigue.

Odile sort.

BÉHOPÉ. — Veux-tu que je te dise? Avant trois jours, François Prieur aura franchi la haie qui sépare leurs deux jardins.

BRACONY. — Et la petite maison de Saint-James sera à louer.

BÉHOPÉ. — Saint-James? Il gardera toujours ça.

Scène V

LES MÊMES, FRANÇOIS

FRANÇOIS, du fond, à Odile qui l'introduit. — Merci, Odile. (Aux autres, du fond.) Je peux attendre en votre compagnie?

BRACONY. — Mais, sois le bienvenu.

BÉHOPÉ. — Tu es à Chaville depuis longtemps?

FRANÇOIS. — Depuis hier, et je repars demain.

BRACONY. — Si vite?

FRANÇOIS. — Je venais faire ma visite de voisin à Dominique.

BÉHOPÉ. — Assieds-toi.

FRANÇOIS. — Il y a trois semaines, à Paris, nous nous sommes expliqués cordialement, et...

BRACONY. — Nous savons.

FRANÇOIS. — Et je ne pense pas être indiscret en insistant pour lui serrer la main.

BRACONY. — Tu n'ignores pas que Mme Bellangé habite ici avec sa fille?

FRANÇOIS. — C'est Mme Brienne que j'ai demandé à voir.

BÉHOPÉ. — D'ailleurs, Antoinette passe la journée à Paris.

BRACONY. — Presque toutes ses journées.

FRANÇOIS. — Je comprends Mme Bellangé ; moi, je ne peux pas supporter la campagne plus de quarante-huit heures.

BRACONY. — La verdure a du bon, cependant. Elle repose des gens du monde.

FRANÇOIS, désignant son costume. — En dépit de ton smoking.

BRACONY. — Il est accidentel.

FRANÇOIS. — Vous dînez dehors?

BÉHOPÉ. — Et l'on doit nous servir de la musique avant le potage.

FRANÇOIS, se levant. — Je ne vous empêche pas de sortir, au moins?

BRACONY, le retenant. — La voiture n'est pas encore là.

Un silence.

FRANÇOIS. — A propos de musique, que devient Mariotte?

BRACONY. — Mariotte, mais il est étendu sur une chaise longue, dans une autre maison.

FRANÇOIS. — Sur une chaise longue?

BRACONY. — Avec une égratignure au-dessus du genou. Tu n'as pas entendu parler de son duel avec lord Ellis?

FRANÇOIS. — Pas du tout! Lord Ellis? L'ancien amant de Mme Cordier?

BRACONY. — Justement.

BÉHOPÉ. — Ils se sont querellés à cause d'elle, le jour du Grand-Prix, et le lendemain ils se battaient.

FRANÇOIS. — Pauvre Mariotte!

BRACONY. — L'affaire s'est réglée à deux pas d'ici, dans le parc de Mme Hédouin.

BÉHOPÉ. — Elle a recueilli Mariotte après sa rencontre.

FRANÇOIS. — C'est chez elle que vous dînez, sans doute?

BRACONY. — Tu devines.

FRANÇOIS. — Bonne Mme Hédouin! comme elle doit être contente qu'un homme connu se soit battu dans sa propriété!

BÉHOPÉ. — Quelle réclame!

BRACONY. — On trouve des maisons pour mourir maintenant.

FRANÇOIS. — C'est moins difficile que d'en trouver une pour vivre.

BÉHOPÉ. — Grâce à Mariotte, elle a tout Paris dans son salon.

BRACONY. — Ce n'est pas une femme, ça, c'est un endroit.

FRANÇOIS. — Est-ce que la petite Miette a la permission de recevoir son amant?

BÉHOPÉ. — Tu n'arrives pas d'Angleterre, mon cher, tu arrives de Chine. Voilà longtemps que Miette n'est plus avec Mariotte.

BRACONY. — Mme Cordier a pris sa place.

FRANÇOIS. — Comment? Mariotte l'a quittée?

BRACONY. — Sur le conseil de Dominique.

FRANÇOIS. — Raconte.

BRACONY. — Eh bien, un jour, Dominique lui reprocha si vertement ses habitudes de trahison et de mensonges qu'il fut pris tout à coup d'un accès de loyauté.

FRANÇOIS. — Mariotte?

BÉHOPÉ. — Il a couru chez Miette, il lui a déclaré qu'il était amoureux d'une femme du monde, et il a rompu, séance tenante.

FRANÇOIS. — Sans la moindre hésitation?

BRACONY. — Malgré les larmes de la petite.

BÉHOPÉ. — Une si belle franchise, en pareille circonstance, t'étonne un peu, n'est-ce pas?

FRANÇOIS. — Mon Dieu, on est quelquefois lâche devant des larmes.

BRACONY. — Tu ne peux supporter que celles que tu ne vois pas.

FRANÇOIS. — Il y a longtemps que je ne fais plus pleurer personne.

BÉHOPÉ. — Ça reviendra peut-être...

BRACONY, renchérissant. — Car toi aussi tu a rajeuni depuis un mois...

FRANÇOIS. — Aussi? Qui désignes-tu par ce mot?

BÉHOPÉ, vivement. — Quelqu'un que tu ne connais pas.

Un silence.

FRANÇOIS. — Puisque vous dînez avec Mariotte, dites-lui de ma part que j'admire sa droiture et son courage.

BRACONY. — Ta commission sera faite.

FRANÇOIS. — Il a de la chance, celui-là, d'avoir pu se conduire de cette façon. On ne rompt pas toujours comme on doit.

BÉHOPÉ. — Il y a des cas complexes?

FRANÇOIS, gravement. — Mais oui ; et quelquefois, quand il aime ailleurs, l'amant le plus soigneux peut descendre à des actions misérables...

BRACONY. — Le plaisir!

FRANÇOIS. — La faiblesse.

BÉHOPÉ, à François. — Est-ce un *mea culpa*?

BRACONY. — Parles-tu de tes projets ou de tes souvenirs?

FRANÇOIS. — Choisis.

BÉHOPÉ, à François, lui tapant sur l'épaule. — Le terrible homme! Il surgit toujours au moment des ruptures ou des réconciliations.

BRACONY. — Tiens, Mme Bellangé!

BÉHOPÉ, désignant Antoinette. — Si tu as besoin de préciser ta pensée...

Scène VI

LES MÊMES, ANTOINETTE

ANTOINETTE, à François, sans voir les autres. — Vous? Sans reproche, voilà près d'un mois que je ne vous ai vu!

FRANÇOIS. — D'Angleterre, c'est excusable.

ANTOINETTE. — On répond aux lettres, au moins.

FRANÇOIS, officiellement, désignant les autres. — Votre petite fille est tout à fait rétablie, madame?

ANTOINETTE, émue. — Oui, mais j'ai encore bien des tourments à cause d'elle.

BRACONY. — Vous avez l'air agitée, en effet!

ANTOINETTE. — Dominique est-elle à la maison?

BÉHOPÉ. — Elle est sortie avec le docteur.

ANTOINETTE. — Etes-vous sûr?

BÉHOPÉ. — Ma parole.

ANTOINETTE. — J'ai vu le landau devant la grille!

BRACONY. — Ce landau est pour nous, mon enfant.

ANTOINETTE. — Quel ennui! J'avais justement quelque chose de pressé à lui dire, un service à lui demander.

BÉHOPÉ. — Elle va rentrer. Attendez-la.

FRANÇOIS, prêt à sortir. — Suis-je indiscret, madame?

ANTOINETTE. — Non, non, restez, au contraire! J'aurai peut-être besoin d'un conseil de vous.

BRACONY, à François. — Pincé.

BÉHOPÉ. — Puisque la voiture est là, nous vous laissons.

BRACONY, prêt à sortir. — On vous verra tout à l'heure, chez Mme Hédouin?

ANTOINETTE. — Malheureusement non, je suis forcée de retourner à Paris.

BÉHOPÉ. — Vous avez un rendez-vous?

ANTOINETTE. — Avec une amie.

BRACONY, à Béhopé, en sortant avec lui. — En attendant, elle va passer un fichu quart d'heure!

Scène VII

ANTOINETTE, FRANÇOIS

ANTOINETTE. — Vous étiez là depuis longtemps?

FRANÇOIS. — Depuis quelques minutes, et je me disposais à partir.

ANTOINETTE. — Si vite?

FRANÇOIS. — Comme vous, j'ai un train à prendre.

ANTOINETTE. — Vous allez aussi à Paris?

FRANÇOIS. — Non, à Versailles.

ANTOINETTE. — Vous me tournez toujours le dos.

FRANÇOIS, prêt à sortir. — J'ai promis à ma mère de l'emmener dîner aux Réservoirs.

ANTOINETTE. — Vous pourriez tout de même m'embrasser.

FRANÇOIS. — Cette maison me gêne un peu.

ANTOINETTE. — Nous sommes seuls, allons!

FRANÇOIS, du bout des lèvres, l'embrassant sur le front. — De tout mon cœur.

ANTOINETTE. — Vous préférez mon front depuis quelque temps!... Et encore, vous l'avez à peine effleuré deux ou trois fois en six semaines.

FRANÇOIS. — Vous-même, vous ne pensiez guère à l'amour, quand votre enfant était malade.

ANTOINETTE. — Vous ne vous êtes guère inquiété de moi à ce moment-là. Et Dieu sait pourtant si j'étais malheureuse!

FRANÇOIS. — Ce que je peux dire, à ma décharge, c'est que pendant que vous étiez triste à Paris, je n'étais pas gai à Londres.

ANTOINETTE. — Vous y retournez bientôt?

FRANÇOIS. — Demain.

ANTOINETTE. — Tout de bon?

FRANÇOIS. — Je ne fais que passer. C'est pour une affaire importante que je suis venu, et c'est pour la même affaire que je m'en retourne.

ANTOINETTE. — Affaire de cœur?

FRANÇOIS. — Affaire de service.

Un silence.

ANTOINETTE. — Je vous reverrai cette année?

FRANÇOIS. — Dans une dizaine de jours.

ANTOINETTE. — Si vous ne venez pas chercher de mes nouvelles, la *Gazette des Tribunaux* vous en apportera.

FRANÇOIS, revenant sur ses pas. — Que signifie cette phrase?

ANTOINETTE. — En voilà un amant!

FRANÇOIS. — Vous avez des larmes dans les yeux, je ne me trompe pas. Qu'est-ce qu'il y a?

ANTOINETTE. — Que vous importe, puisque vous ne m'aimez plus?

FRANÇOIS. — Antoinette, ne jouons pas sur les mots. Vous pleurez, vous parlez de rendez-vous à Paris et de tribunaux; vous m'effrayez à la fin. Que se passe-t-il?

Il s'assied.

ANTOINETTE. — Eh bien, il se passe que mon mari veut me prendre ma fille.

Elle fond en larmes.

FRANÇOIS. — Hélène?

ANTOINETTE. — Et cette mauvaise action sera peut-être accomplie demain.

FRANÇOIS. — Vous n'exagérez pas?

ANTOINETTE. — Hélas!

FRANÇOIS. — Qui vous a dit cela?

ANTOINETTE. — Son avoué.

FRANÇOIS. — L'avoué de M. Bellangé?

ANTOINETTE. — Oui, son avoué.

FRANÇOIS. — Quand?

ANTOINETTE. — Tout à l'heure.

FRANÇOIS. — Comme ça?

ANTOINETTE. — Il m'avait priée de monter chez lui. C'est un vieil ami de ma famille.

FRANÇOIS. — Eh bien?

ANTOINETTE. — Je sors de son étude. Raymond demande le divorce contre moi et il exige que sa fille soit remise entre ses mains jusqu'à l'issue du procès.

FRANÇOIS. — Ce n'est peut-être qu'une menace?

ANTOINETTE. — L'assignation qui doit m'enlever Hélène est toute prête, je l'ai lue.

FRANÇOIS, avec humeur. — Quelle singulière idée a votre mari de vous tourmenter!

ANTOINETTE. — Le mois dernier, j'ai refusé de me réconcilier avec lui, et aujourd'hui il se venge. Et puis, son amour paternel s'est exaspéré pendant la maladie de la petite.

FRANÇOIS. — Intelligent, son amour paternel!

ANTOINETTE. — Voilà le résultat de nos imprudences. Ah! si j'avais su qu'un jour je prendrais un amant, je n'aurais jamais quitté mon mari.

FRANÇOIS. — Mon amie, vous oubliez que c'est votre mari qui vous a abandonnée.

ANTOINETTE. — Ecoutez, le moment est mal choisi pour plaisanter.

FRANÇOIS. — Sans doute. Mais on ne vous a pas encore ôté votre fille. D'abord, M. Bellangé n'a pas le droit de vous l'ôter avant que le divorce ne soit prononcé.

ANTOINETTE. — Il en a le droit.

FRANÇOIS. — Cela me paraît inadmissible.

ANTOINETTE. — Parce que vous ignorez la loi. S'il est établi que j'ai un amant, le tribunal peut rendre demain une ordonnance et m'enlever Hélène dans les vingt-quatre heures.

FRANÇOIS. — Une enfant de six ans!

ANTOINETTE. — Il y a des précédents, et, dans le cas où je perdrais mon procès, ma fille ne me serait pas restituée.

FRANÇOIS. — Mâtin! vous êtes ferrée sur le code!

Un silence.

ANTOINETTE. — Je n'ai qu'un moyen de conserver Hélène.

FRANÇOIS. — C'est?

ANTOINETTE. — De me réconcilier avec mon mari.

FRANÇOIS. — Comment! vous envisagez une pareille éventualité?

ANTOINETTE. — Ça ne dépend pas de moi.

FRANÇOIS. — Et quelle marche compteriez-vous suivre?

ANTOINETTE. — Je vais prier Dominique d'intervenir.

FRANÇOIS. — Auprès de votre mari?

ANTOINETTE. — Elle seule a de l'empire sur lui.

FRANÇOIS. — Elle seule?

ANTOINETTE. — Personne d'autre.

FRANÇOIS. — Et votre parti est pris?

ANTOINETTE. — A peu près.

FRANÇOIS. — Ah!

ANTOINETTE. — Dame! La décision brutale de M. Bellangé ne me laisse pas d'autre alternative.

FRANÇOIS. — Soit! mais moi, qu'est-ce que je deviens dans cette combinaison?

ANTOINETTE. — Ah! je voudrais bien le savoir! Tout à l'heure, seule en wagon, j'étais pleine de sagesse. Je me répétais : « Il ne m'aime plus, je l'aime moins. Il n'est jamais là, je ferais bien mieux de le quitter... » Mais voilà que je vous rencontre, et mes bonnes résolutions commencent à s'évanouir. Votre mauvaise influence opère déjà!

FRANÇOIS. — Dois-je passer dans la chambre à côté pour que vous vous décidiez librement?

ANTOINETTE. — Trop tard.

FRANÇOIS. — Vous ne supposez pourtant pas que je vais demeurer votre amant, si vous avez résolu de revivre avec M. Bellangé.

ANTOINETTE. — On peut avoir un mari et un amant : c'est très bien porté.

FRANÇOIS. — Il faut être trois pour cela.

ANTOINETTE, tendrement. — Pourquoi ne pas finir par où tant de gens commencent? Après tout, ces accommodements-là sont plus naturels à la fin d'une liaison qu'à son début. Ce serait une si bonne façon de concilier votre indifférence et ma tendresse!

FRANÇOIS. — Comment pouvez-vous tenir à un ami aussi imparfait?

ANTOINETTE. — Si imparfait que vous soyez, je ne me sens pas le courage de vous quitter.

FRANÇOIS. — Puisque votre fille vous restera!...

ANTOINETTE. — J'ai besoin de vous deux pour être heureuse.

FRANÇOIS. — Plus M. Bellangé.

ANTOINETTE. — Ça, c'est une méchanceté, ce n'est pas un argument.

FRANÇOIS. — Mais en admettant que je fasse bon marché de ce monsieur, la raison n'en commande pas moins de nous séparer.

ANTOINETTE. — La raison? Quel drôle de mot sur vos lèvres!...

FRANÇOIS, gravement. — D'ailleurs, votre projet est irréalisable, ma pauvre enfant!... Ce n'est même pas la peine d'y songer. Jamais une femme du caractère de Mme Brienne ne se prêterait à une réconciliation si je n'étais pas totalement supprimé de votre existence.

ANTOINETTE. — Je lui dirai que j'ai rompu avec vous.

FRANÇOIS, vivement. — Il ne faut pas lui mentir, à elle moins qu'à personne.

ANTOINETTE. — Je n'ai pas le choix.

FRANÇOIS. — Quand on demande à quelqu'un son appui, on lui doit au moins la vérité.

ANTOINETTE. — Je mets peut-être l'amour au-dessus de la délicatesse.

FRANÇOIS. — Et vous vous imaginez qu'elle croira à notre rupture?

ANTOINETTE. — Elle sait que je suis une mère très tendre et que vous êtes un homme très inconstant.

FRANÇOIS. — Mais il suffirait d'un hasard pour qu'elle découvrît cette comédie, et elle me mépriserait encore plus que vous.

ANTOINETTE. — Soyez tranquille, je nierais votre complicité.

FRANÇOIS. — Je la connaîtrais, moi.

Un silence.

ANTOINETTE. — Sapristi! que de scrupules à l'endroit de Mme Brienne... Dites donc, vous n'y regardiez pas de si près autrefois, quand il s'agissait de la tromper!

FRANÇOIS. — Vous n'en savez rien, d'abord.

ANTOINETTE. — Je croyais que les mensonges ne vous faisaient pas peur jadis... à l'époque où elle était jalouse, jalouse à bon escient de Mlle Doyon.

FRANÇOIS. — Je ne comprends pas.

ANTOINETTE. — Une petite actrice qui perchait par ici. Et pourtant Dominique n'était votre amie que depuis quelques jours.

FRANÇOIS. — Taisez-vous!

ANTOINETTE. — Je vous donne le trac, hein?

FRANÇOIS. — Vous êtes joliment renseignée.

ANTOINETTE. — Ce n'est pas ma faute, souvenez-vous. Un soir, à Londres, dans ma chambre, sur l'oreiller, cinq minutes après?...

FRANÇOIS. — Ah! c'est bien l'instant de toutes les lâchetés!

ANTOINETTE. — Vous n'avez pas prononcé le nom de Dominique, je le reconnais, mais depuis, quand, elle et moi, nous avons parlé de vous, j'ai deviné.

FRANÇOIS. — Espérons que je n'ai pas été plus expansif.

ANTOINETTE. — Oh! je pourrais encore vous citer d'autres méfaits... Thérèse Hermann...

FRANÇOIS. — Chut!

ANTOINETTE. — Lady Clifton.

FRANÇOIS. — Taisez-vous donc, nom d'un chien! Quelle mémoire vous avez!

ANTOINETTE. — Et je passe sous silence votre vilain départ de cette maison.

FRANÇOIS. — Ma chère enfant, vous vous rappelez là des choses qu'il est d'usage d'oublier.

ANTOINETTE. — Mettons.

FRANÇOIS. — Mais, je ne vous en veux pas, au contraire. En réveillant mes remords, vous me fortifiez dans ma résistance. Bonsoir!

ANTOINETTE. — Une minute! ne profitez pas si vite de ma gaucherie.

FRANÇOIS. — Puisque je ne saurais rester votre amant sans entrer dans le mensonge que vous seriez obligée de faire à Mme Brienne, j'aime mieux renoncer à vous.

ANTOINETTE. — Quand j'ai tant de chagrin? Ce n'est pas sérieux. Vous n'êtes donc plus du tout mon ami?

FRANÇOIS. — Plus assez pour devenir votre complice, ni pour subir les inconvénients d'une maîtresse mitoyenne.

ANTOINETTE, *câline*. — Voyons, François, ne soyez pas méchant. Qu'est-ce que ça peut vous faire, mon mari, Dominique et la morale?

FRANÇOIS. — Réconciliez-vous et oubliez-moi.

ANTOINETTE. — Je me réconcilie, je mens, et je vous garde.

FRANÇOIS, *résolu*. — Non!

ANTOINETTE, *l'entourant de ses bras*. — Essayons. Vous ne verrez pas mon mari, vous ne saurez pas qu'il existe. Tout le désagrément sera pour moi. Et si ça ne marche pas, eh bien, mon Dieu, vous me quitterez, mais doucement, sans secousse, en bon camarade. Je vous demande seulement de ne pas m'exécuter sur l'heure. Vous me prenez à condition, voilà tout.

FRANÇOIS. — Qu'elle est drôle!

ANTOINETTE. — En somme, une telle proposition est faite pour tenter un coureur comme vous. Ce n'est pas votre liberté aujourd'hui, mais c'est peut-être votre liberté demain.

FRANÇOIS. — Et même ce soir!

ANTOINETTE. — Non, pas ce soir, mais bientôt, très vite, quand il vous plaira!... sans compter les bonheurs casuels que vous rapportera notre rupture apparente, presque publique. Car si nous restons attachés par un lien fragile, aux yeux des autres femmes vous serez délié, bon à prendre.

FRANÇOIS. — Vous m'ouvrez toutes sortes d'horizons.

ANTOINETTE, *prête à pleurer*. — D'abord, vous n'avez pas le droit de m'abandonner quand je suis malheureuse. Quelle que soit votre indifférence, vous avez en ce moment plus de devoirs envers moi qu'envers vous-même ou n'importe qui.

Elle pleure.

FRANÇOIS. — Allons, allons, ne pleurez pas encore, on fera ce que vous désirez, là.

ANTOINETTE. — Vous consentez?

FRANÇOIS. — Momentanément.

ANTOINETTE. — Vrai!

FRANÇOIS. — Nous continuons.

ANTOINETTE. — A trois?

FRANÇOIS. — A trois, à quatre, à cinq.

ANTOINETTE, *gaiement*. — Mais je n'aurai jamais assez de santé!

FRANÇOIS. — Bah!

ANTOINETTE. — Et c'est convenu, je laisse croire à Mme Brienne que nous sommes fâchés?

FRANÇOIS, *gêné*. — Ça, c'est votre affaire.

ANTOINETTE. — Compris... Dans quelques minutes, Dominique m'aura promis son intervention et, dans une demi-heure, j'aurai repris la route de Paris, le cœur plus léger qu'en arrivant.

FRANÇOIS. — Qui allez-vous voir à Paris?

ANTOINETTE. — Marie Ferrand.

FRANÇOIS. — La femme de l'avocat?

ANTOINETTE. — Je vais leur annoncer que cette semaine je signe un bail de bonne existence avec mon mari, ma fille, et un homme que j'aime... Ça, ce n'est pas la peine d'en parler.

FRANÇOIS, *prêt à sortir*. — Maintenant que nous sommes bien d'accord, ne me retenez pas davantage, car mon ministre m'attend.

ANTOINETTE. — Puisque, dans une dizaine de jours, vous revenez de Londres, rappelez-vous que vous m'aimez un peu.

FRANÇOIS. — Comptez sur moi.

ANTOINETTE. — Parole?...

FRANÇOIS. — D'amour.

ANTOINETTE. — Alors, allez. D'ailleurs, Dominique n'aurait qu'à rentrer, et, pour beaucoup de raisons, je ne tiens pas à ce qu'elle vous retrouve ici.

FRANÇOIS. — Moi non plus.

ANTOINETTE. — En voilà une qui sera contente quand je lui dirai que nous avons rompu!

FRANÇOIS. — Vous croyez?

ANTOINETTE. — Je ne comprends pas pourquoi vous hésitiez à la priver de cette joie.

FRANÇOIS, *revenant sur ses pas*. — Vous n'êtes pas jalouse d'elle, je suppose?

ANTOINETTE. — Un peu.

FRANÇOIS. — Si ce n'est qu'un peu...

ANTOINETTE. — Dame! J'ai vingt-cinq ans, elle en a quarante.

FRANÇOIS. — Trente-huit.

ANTOINETTE. — Pourquoi la rajeunissez-vous?

FRANÇOIS. — Trente-huit, quarante, c'est la même chose.

ANTOINETTE, *vivement*. — Pardon! Quarante, c'est de l'autre côté. Vous voyez bien que j'ai raison d'être jalouse.

FRANÇOIS. — Rappelez-vous une seconde fois le mal que je lui ai fait, cela calmera vos soupçons.

ANTOINETTE. — J'en ai besoin, car votre délicatesse à son égard est sujette à caution. Lorsqu'un gredin comme vous se met à être chevaleresque avec une femme, sa maîtresse en activité n'a plus qu'à boucler ses malles.

FRANÇOIS. — Je ne l'aurais pas aimée jadis et

j'en serais amoureux aujourd'hui! Quelle plaisanterie!

ANTOINETTE. — Est-ce pour elle ou pour moi que vous êtes venu?

FRANÇOIS. — En voilà une question!

ANTOINETTE. — Vous êtes si différent depuis la visite que vous lui avez faite à Paris, et de son côté elle est si changée!

FRANÇOIS. — Ne dites pas de folies, voyons! Entre Mme Brienne et moi, il y a un abîme infranchissable!

ANTOINETTE. — Vous n'êtes pas amoureux d'une autre, au moins?

FRANÇOIS. — Qu'est-ce qui vous préoccupe encore?

ANTOINETTE. — C'est absurde, mais je me sens prise d'une inquiétude générale.

FRANÇOIS. — J'ai pourtant cédé sur toute la ligne.

ANTOINETTE. — Ah! j'ai fait une gaffe en vous expliquant avec quelle facilité vous pourriez me trahir ou me quitter. Si vous alliez m'abandonner tout de suite?

FRANÇOIS. — Je n'en ai pas la moindre envie, je vous assure.

ANTOINETTE. — N'empêche que ça vous a passé par la tête il y a cinq minutes.

FRANÇOIS. — Voyons, ma petite Toinon, pas d'enfantillages. Je vais rater mon train.

ANTOINETTE. — Et moi, ma vie... Tenez, je suis tentée d'envoyer tout promener et de ne pas me réconcilier avec mon mari.

FRANÇOIS. — Et votre petite fille que vous oubliez!

ANTOINETTE. — Vous avez peur que je change d'idée, hein?

FRANÇOIS. — Je vous défends de douter de moi, surtout quand j'ai tant de plaisir à vous serrer dans mes bras.

ANTOINETTE. — Taisez-vous, vous avez une voix qui ment.

FRANÇOIS. — Vous ne vous y connaissez plus.

ANTOINETTE. — D'abord, vous ne me serrez pas.

FRANÇOIS. — Faut-il retarder mon voyage d'un jour pour vous prouver ma tendresse?

ANTOINETTE. — Vous feriez cela?

FRANÇOIS. — Et toutes sortes de choses pour endormir vos inquiétudes.

ANTOINETTE. — Mais, votre ministre?

FRANÇOIS. — C'est un charmant garçon. Je n'aurai qu'à lui dire la vérité.

ANTOINETTE. — Et il vous accordera une permission?

FRANÇOIS. — Il sait bien qu'un diplomate qui s'amuse est moins dangereux qu'un diplomate qui travaille.

ANTOINETTE. — Ça dépend.

FRANÇOIS, *d'un air sincère.* — Comment vous rencontrer? Ah! si je n'étais pas pris ce soir... Tenez, trouvez-vous demain à cinq heures derrière Saint-Augustin... je monterai dans votre voiture et de là nous irons...

ANTOINETTE. — En plein jour? Vous êtes fou. Mon mari doit me faire surveiller.

FRANÇOIS. — Moquez-vous donc de sa jalousie!

ANTOINETTE. — En attendant, si... j'ai peur... C'est drôle, quelle rage ont tous ces maris de ne pas vouloir être trompés!... Ma foi, tant pis, je me risque.

FRANÇOIS. — Vous en serez récompensée.

ANTOINETTE. — Tu viendras?... Ce ne sera pas comme la dernière fois?

FRANÇOIS. — Décidément, vous êtes trop défiante.

ANTOINETTE. — Je suis très jolie en ce moment, tu verras.

FRANÇOIS. — Pas si haut.

ANTOINETTE. — Dis-moi quelque chose de tendre avant de me quitter, quelque chose que tu ne penses pas.

FRANÇOIS. — Je t'aime.

ANTOINETTE. — Ce n'est peut-être pas un mensonge.

FRANÇOIS, *à part, du fond, en lui envoyant un baiser ironique.* — Ouf! Liquidée! Libre!

Il sort.

ANTOINETTE. — Maintenant, il s'agit de convaincre Dominique.

Scène VIII

MAURICE, ANTOINETTE

MAURICE. — Ah! je suis bien aise de vous trouver. Justement je tenais à vous prévenir que votre mari est en ce moment chez Mme Hédouin.

ANTOINETTE. — Vous l'avez vu?

MAURICE. — Il y a cinq minutes, devant la gare. Et, comme je m'étonnais de sa présence à Chaville, il m'a dit qu'il allait prendre des nouvelles de Mariotte, chez Mme Hédouin.

ANTOINETTE. — Quelle coïncidence! Savez-vous s'il dîne là-bas?

MAURICE. — C'est peu probable. Comment voulez-vous qu'on l'ait invité en même temps que vous?

ANTOINETTE. — Evidemment.

MAURICE. — Dans tous les cas, si vous avez peur de le rencontrer, vous êtes avertie.

ANTOINETTE. — Je vous remercie de votre sollicitude, monsieur Arnault, mais je ne cours pas ce risque, car, précisément, le hasard fait que je ne dîne pas ce soir chez Mme Hédouin.

MAURICE. — Il vous arrive un ennui?

ANTOINETTE. — Un gros ennui. Toutefois, le renseignement que vous venez de m'apporter est précieux. Grâce à lui, certaines choses pourraient être conjurées.

MAURICE. — Je le souhaite de tout mon cœur.

Scène IX

LES MÊMES, DOMINIQUE

DOMINIQUE, *à Antoinette.* — Tiens, tu es rentrée, ma chérie? Je commençais à m'inquiéter de ton absence.

Elle l'embrasse.

ANTOINETTE. — Tu avais raison d'être préoccupée.

DOMINIQUE. — Qu'y a-t-il?

ANTOINETTE. — Un incident grave. J'ai besoin que tu voies mon mari le plus tôt possible.

DOMINIQUE. — Quand tu voudras, ma petite, immédiatement.

ANTOINETTE. — Eh bien! Raymond est en ce moment chez Mme Hédouin.

DOMINIQUE. — Ton mari?

ANTOINETTE. — Oui, M. Arnault vient de me l'apprendre.

MAURICE. — C'est exact.

ANTOINETTE. — Peux-tu y courir tout de suite?

DOMINIQUE. — Naturellement, voyons.

ANTOINETTE. — Tu es bonne.

DOMINIQUE. — Mais au moins, raconte-moi vite ce qui te bouleverse.

ANTOINETTE. — C'est que...

MAURICE. — Je vous gêne?

DOMINIQUE, à Maurice. — Puisqu'il faut que je parle aujourd'hui même à son mari, grimpez là-bas chez Mme Hédouin et retenez Raymond jusqu'à mon arrivée.

MAURICE, prêt à sortir. — Je vais le faire inviter à dîner, tout bonnement.

DOMINIQUE. — Mais Antoinette dîne aussi chez Mme Hédouin?

ANTOINETTE. — Non, non, je n'y dîne pas; j'ai changé d'idée.

MAURICE, à Dominique. — Dois-je revenir vous chercher?

DOMINIQUE. — Ne vous dérangez pas.

MAURICE. — Alors, adieu.

DOMINIQUE. — Allons, ne partez pas tristement.

MAURICE. — On vous renvoie toujours avec ces mots-là.

ANTOINETTE. — Je parie qu'il reviendra.

Scène X

DOMINIQUE, ANTOINETTE

DOMINIQUE. — Je devine à peu près, mais explique-moi les choses.

ANTOINETTE. — Eh bien, Raymond demande le divorce, et il veut me prendre ma fille.

DOMINIQUE. — Déjà!

ANTOINETTE. — L'assignation est rédigée.

DOMINIQUE. — Es-tu bien sûre?

ANTOINETTE. — L'avoué de Raymond me l'a communiquée.

DOMINIQUE. — Ma petite Antoinette!

ANTOINETTE. — Ce soir probablement, je recevrai du papier timbré.

DOMINIQUE. — Je te l'avais prédit que l'indulgence de ton mari ne durerait pas.

ANTOINETTE. — Dans quelques jours, demain, s'il l'exige, Hélène peut être entre les mains de son père.

DOMINIQUE. — La loi l'y autorise.

ANTOINETTE. — Parbleu! Ce sont des maris trompés qui l'ont votée!... Mais comme je ne conçois pas l'existence sans ma fille, je vais mettre mes répugnances de côté, et, ne jette pas les hauts cris, je vais essayer de me réconcilier avec M. Bellangé.

DOMINIQUE. — Tu me surprends un peu.

ANTOINETTE. — Quoi! Je vais proposer à mon mari ce qu'il m'a offert le mois dernier, et que j'ai refusé si légèrement; puisqu'il est le plus fort je me résigne.

DOMINIQUE. — Si facilement?

ANTOINETTE. — Tu me désapprouves?

DOMINIQUE, vivement. — Quelle précipitation! On essaie de se défendre au moins!

ANTOINETTE. — A quoi bon? quand la partie est perdue d'avance.

DOMINIQUE. — As-tu pesé toutes les conséquences d'un pareil acte?

ANTOINETTE. — Je préfère m'enchaîner par une décision rapide. Quand ce sera fait, ce sera fait, tant pis.

Un silence.

DOMINIQUE. — Et, naturellement, c'est sur moi que tu comptes pour amener un rapprochement entre Raymond et toi?

ANTOINETTE. — Ça va sans dire... Quoi qu'il m'en coûte un peu de te mêler à ces choses.

DOMINIQUE. — En effet, tu m'embarrasses beaucoup.

ANTOINETTE. — Je le pensais bien.

DOMINIQUE. — Les événements de ma vie ne me désignent pas précisément pour cette mission délicate.

ANTOINETTE. — Fais passer ton dévouement avant tes souvenirs!

DOMINIQUE. — Je peux ne pas être une amie parfaite.

ANTOINETTE. — Tu oublies ta droiture.

DOMINIQUE. — Tu as raison, mais, puisque tu invoques cette droiture, je trouve difficile de proposer à un vieil ami de se réconcilier avec sa femme, lorsqu'on sait que cette femme n'est pas libre.

ANTOINETTE. — Quant à ça...

DOMINIQUE. — Et d'autre part, pour rien au monde, je ne voudrais contribuer à un changement dans ta vie intime.

ANTOINETTE. — C'est fait.

DOMINIQUE. — Ce changement?

ANTOINETTE. — Ce changement est accompli.

DOMINIQUE. — Depuis quand?

ANTOINETTE. — Depuis cinq minutes.

DOMINIQUE. — Comment croire que tu parles sérieusement?

ANTOINETTE. — Il était là lorsque je suis rentrée. J'ai profité du courage momentané que j'avais, et je l'ai persuadé.

DOMINIQUE. — En si peu de temps?

ANTOINETTE. — Nous en avions assez l'un et l'autre. Tu as pu t'en apercevoir, d'ailleurs.

DOMINIQUE. — Oui, quelquefois.

ANTOINETTE. — Faut-il te détailler le détachement progressif de deux êtres qui se sont aimés?

DOMINIQUE. — Ne me raconte pas.

ANTOINETTE. — Nos cœurs étaient séparés avant que le mot de rupture ne fût prononcé.

DOMINIQUE. — C'est bien la vérité que tu me dis?

ANTOINETTE. — Pourquoi te mentirais-je?

DOMINIQUE. — Et tu n'as pas une larme dans les yeux en m'apprenant cela?

ANTOINETTE. — Je t'en prie, ne me blâme pas de lui préférer ma fille. Ce ne serait pas encourageant. Après tout, M. Prieur n'a été qu'un accident dans ma vie. Je ne suis pas née pour les émotions irrégulières, moi, tu le sais bien; mon mari ne m'aurait pas abandonnée que probablement je n'aurais jamais aimé personne, et surtout un homme aussi décevant.

DOMINIQUE, avec embarras. — Un homme comme les autres, va, soyons indulgentes.

ANTOINETTE. — Tu oublies ce que tu m'as raconté!

DOMINIQUE. — J'évoquais des choses si lointaines!

ANTOINETTE. — Prends garde, tu vas me faire son éloge.

DOMINIQUE. — Je regrette le mal que je t'en ai dit.

ANTOINETTE, avec jalousie. — Tu es trop délicate.

DOMINIQUE. — On ne l'est jamais assez.

Un silence.

ANTOINETTE. — Ne parlons plus de M. Prieur.

DOMINIQUE. — Réfléchis. Je n'ai pas encore vu ton mari.

ANTOINETTE. — Ma détermination est irrévocable.

DOMINIQUE. — Tu es sûre de l'indifférence de ton amant?

ANTOINETTE. — Il repart demain pour l'Angleterre.

DOMINIQUE. — Si vite?

ANTOINETTE. — Il est peut-être même déjà parti.

DOMINIQUE. — Allons donc! Sa mère demeure à côté, je parie qu'il est chez elle.

ANTOINETTE. — J'en doute, il prenait le train en me quittant.

DOMINIQUE, avec chagrin. — Ah!

ANTOINETTE. — Nous ne le reverrons pas.

DOMINIQUE. — Alors je vais m'exécuter, je vais parler à ton mari.

ANTOINETTE. — Merci!

DOMINIQUE. — Mais quand j'aurai réussi, tu ne me le reprocheras pas?

ANTOINETTE. — Tu es folle!

DOMINIQUE. — Tu ne m'accuseras pas d'un zèle trop ardent, plein d'arrière-pensées?

ANTOINETTE. — Je t'estime et je t'aime.

DOMINIQUE. — D'ailleurs, rien ne prouve que les choses iront toutes seules.

ANTOINETTE. — Je suis tranquille là-dessus. Raymond m'aime toujours.

DOMINIQUE. — En attendant, il m'a l'air assez monté contre toi.

ANTOINETTE. — Tu plaideras si bien ma cause!

DOMINIQUE. — Je suis quelquefois très gauche, je t'en avertis.

ANTOINETTE, s'animant. — Mais je n'admets pas que tu échoues. Il faut employer tous les moyens pour le convaincre.

DOMINIQUE. — J'essaierai.

ANTOINETTE, s'animant de plus en plus. — Il faut lui persuader que le bonheur de sa fille dépend de cette réconciliation... Il faut remuer tous ses sentiments. Il faut... au besoin, emmène Hélène avec toi, puisque la vue de cette petite l'émeut toujours... Voilà un moyen noble.

DOMINIQUE. — Je ne demande pas mieux.

ANTOINETTE. — Elle n'est pas rentrée, je crois.

DOMINIQUE. — Elle joue à l'entrée du parc. C'est mon chemin. Je la prendrai en passant.

ANTOINETTE. — Je t'accompagne jusque là. Nous causerons encore. Et puis, j'ai une dépêche à envoyer.

DOMINIQUE. — A qui?

ANTOINETTE. — A Ferrand.

DOMINIQUE. — Tu étais déjà munie d'un avocat?

ANTOINETTE. — Au premier moment, j'ai été affolée. Mais je vais lui télégraphier de ne pas m'attendre ce soir, comme il en était convenu. Ce n'est plus la peine que je me précipite à Paris, puisque toutes les difficultés seront peut-être aplanies dans un quart d'heure.

DOMINIQUE. — Accorde-moi une heure.

ANTOINETTE. — Voilà justement Odile avec ton manteau.

DOMINIQUE. — Où donc ai-je posé mes gants?

Scène XI

LES MÊMES, ODILE

ANTOINETTE. — La petite n'est pas rentrée?

ODILE. — Pas encore.

DOMINIQUE, à Odile qui lui apporte son manteau. — Donne.

ODILE, aidant Dominique. — Le père Bouquet est dans ton atelier.

DOMINIQUE. — Il tombe bien! (A Antoinette.) C'est mon praticien qui vient chercher le buste de ta fille.

ODILE. — Tu n'as pas besoin de le voir?

DOMINIQUE, tentée. — Si... mais je suis trop pressée.

ANTOINETTE. — Ne te gêne pas à cause de moi.

DOMINIQUE. — Tu permets que je lui dise un mot?

ANTOINETTE. — Va donc. Même, si tu veux, pendant ce temps-là, je peux expédier Hélène à son père, directement. L'Anglaise l'accompagnera, voilà tout.

DOMINIQUE, prête à sortir. — Mon Dieu... il ne serait peut-être pas mauvais que la petite me précédât de quelques minutes... (Se décidant.) Réflexion faite, expédie-la, je la suis. J'ai peur que ce vieil homme commette une maladresse.

ANTOINETTE, prête à sortir de son côté. — Convenu. Quand tu arriveras, M. Bellangé sera déjà attendri. Je passe au télégraphe, j'envoie Hélène à son père et je reviens ici.

DOMINIQUE. — Dans tous les cas, ma petite Toinon, si je ne te revois pas avant mon entretien avec ton mari, ne sois pas inquiète. Dès que j'aurai un résultat, je te l'apporte en courant.

ANTOINETTE. — A la grâce de Dieu, et bonne chance!

Antoinette sort.

DOMINIQUE, prête à sortir de son côté. — Ma destinée s'accomplit.

Scène XII

DOMINIQUE, ODILE

ODILE. — Tu est toute pâle!

DOMINIQUE. — Ne t'occupe pas de moi.

ODILE. — Qu'est-ce qu'il y a encore?

DOMINIQUE. — Tu mettras le couvercle d'Antoinette, elle dînera à la maison avec la petite.

ODILE. — Elle ne dîne pas chez Mme Hédouin?

DOMINIQUE. — Non. Le père Bouquet n'a rien déplacé, n'est-ce pas?

ODILE. — Il t'attend pour commencer.

DOMINIQUE. — J'y vais.

ODILE. — Garde ton manteau.

DOMINIQUE. — Ce n'est pas la peine.

ODILE. — Décidément, tu n'as pas ton air habituel.

DOMINIQUE, revenant sur ses pas. — Odile, penses-tu que je puisse plaire encore?

ODILE. — Tu es jolie comme dans le temps.

DOMINIQUE. — Tu sais, je crois qu'il m'aime.

ODILE. — C'est toi qu'il a demandée tout à l'heure.

DOMINIQUE. — Tu es bien sûre?

ODILE, apercevant François. — Le voilà.

DOMINIQUE. — Va-t'en vite.

ODILE. — Et ton praticien?

DOMINIQUE. — Qu'il se débrouille.

ODILE, à François. — Entrez, monsieur Prieur.

Odile sort.

Scène XIII

FRANÇOIS, DOMINIQUE

FRANÇOIS. — Je suis venu tout à l'heure, mais vous étiez sortie.

DOMINIQUE, toute tremblante. — On m'a dit.

FRANÇOIS. — Je venais vous rapporter vos lettres, ces lettres que je n'aurais jamais dû conserver.

DOMINIQUE. — Gardez-les.

FRANÇOIS. — J'avais choisi ce prétexte pour pénétrer chez vous.

DOMINIQUE. — Je souhaite que vous les gardiez toujours.

FRANÇOIS, avec joie. — Je n'ose pas comprendre!

Un silence.

DOMINIQUE, avec anxiété. — Alors, vous repartez?... C'est décidé?

FRANÇOIS. — Je ne sais plus.

DOMINIQUE. — Vous ne vous absentez pas à cause de moi, je suppose?

FRANÇOIS. — Peut-être.

DOMINIQUE. — Pour longtemps?

FRANÇOIS. — Ça vaut mieux.

DOMINIQUE, tendrement. — Mais ce départ, je ne vous le demande pas.

FRANÇOIS, avec un cri de joie. — Dominique! Ce n'est pas possible?

DOMINIQUE. — François!

FRANÇOIS. — Tu m'aimes toujours, tu m'aimes?

DOMINIQUE, le retenant du geste. — Reste, reste là.

FRANÇOIS. — Je t'adore.

DOMINIQUE. — Tais-toi, ne me dis pas des choses pareilles. Je n'ai pas encore le droit de t'écouter.

FRANÇOIS. — Je t'aime.

DOMINIQUE, avec amour. — Et tu l'as quittée, c'est vrai?

FRANÇOIS. — Je ne la reverrai pas!

DOMINIQUE, les yeux dans ses yeux. — Vous avez bien rompu?

FRANÇOIS. — Je n'appartiens qu'à toi.

DOMINIQUE. — C'est bien entendu entre vous? Tu ne me mens pas?

FRANÇOIS. — Je suis libre et je t'aime.

DOMINIQUE. — Prends garde, réfléchis, sois très loyal; car aujourd'hui c'est ton cœur tout entier que je réclame. Si tu ne m'aimes pas complètement, uniquement, si je ne suis qu'une fantaisie que tu veux te passer, épargne-moi, va-t'en.

FRANÇOIS. — Je suis sûr de moi.

DOMINIQUE. — Tu ne sais pas comme j'ai pleuré!

FRANÇOIS. — Dis-moi que tu me pardonnes!

DOMINIQUE. — Que t'importe, puisque je t'aime, puisque je n'ai pas cessé un seul jour de t'adorer.

FRANÇOIS. — Mon pauvre amour!

DOMINIQUE. — C'est pour toi que je suis revenue dans cette maison.

FRANÇOIS. — C'est pour toi seule que tout à l'heure je suis rentré dans la mienne.

DOMINIQUE. — Hélas! Voilà huit ans que je t'attendais!

FRANÇOIS. — Tu seras heureuse, cette fois, tu verras.

DOMINIQUE. — Dieu t'entende!... Et maintenant, sauve-toi, car il faut que je sorte.

FRANÇOIS. — Un instant!... Ne songe qu'à nous deux.

DOMINIQUE. — Nous serons plus près l'un de l'autre, après la démarche que je vais faire.

FRANÇOIS. — Veux-tu de moi, ce soir?

DOMINIQUE. — Viens demain.

FRANÇOIS. — Ce soir, je t'en supplie?

DOMINIQUE. — Ne me demande rien, je ne pourrais rien te refuser.

FRANÇOIS, désignant le jardin. — La haie n'est pas très haute.

DOMINIQUE. — Tu es fou!

FRANÇOIS. — Je suis jaloux.

DOMINIQUE, avec joie. — Si c'était vrai!

FRANÇOIS. — Comment n'as-tu pas deviné le désarroi de mon âme? Mais tu ne sais donc pas que depuis un mois tu bouleverses toutes mes idées, que tu conduis toutes mes actions?

DOMINIQUE. — Je ne peux pas croire que c'est toi qui parles.

FRANÇOIS. — La première fois que je t'ai revue, ce jour inoubliable où tu m'as tendu la main, tu n'as donc pas senti que je t'offrais mon cœur en te confessant que j'en aimais une autre?

DOMINIQUE. — Explique tout de même.

FRANÇOIS. — Tu n'as donc pas senti qu'en réalité je souhaitais une rupture avec cette femme dont je te suppliais de ne pas me séparer?

DOMINIQUE. — Continue, continue.

FRANÇOIS. — Puis, mes supplications terminées, tu as compris, n'est-ce pas? que je causais volontairement de choses inutiles par crainte de te parler d'amour, et que, malgré ces précautions, je t'adressais toutes sortes de pensées folles sous l'insignifiance des mots?

DOMINIQUE. — Oui, j'entendais ce que tu ne disais pas.

FRANÇOIS. — Ah! je m'en rends compte aujourd'hui: jusqu'à présent je n'avais aimé personne, pas plus toi que les autres. Mais, cette fois, je suis pris, j'en suis bien sûr, je suis amoureux, et tout de bon, ça y est. Enfin, je la tiens cette émotion que je cherchais, et que mes expériences ne m'avaient pas apportée. Je la reconnais, c'est l'émotion que je t'ai vu éprouver, c'est la souffrance pour laquelle j'ai vu pleurer tant d'hommes et tant de femmes, et que j'attendais avec envie.

DOMINIQUE. — Tu connais ce bonheur?

FRANÇOIS. — Que pense-t-elle? Que fait-elle? Où est-elle? Voilà maintenant l'obsession de ma vie. Présente ou lointaine, ta forme désirée me persécute. Je suis devenu l'espion de ton existence, un pauvre être malade d'inquiétude et de curiosité.

DOMINIQUE. — Comme tu m'aimes!

FRANÇOIS. — Depuis vingt-quatre heures, je rôdais autour de cette maison sans oser y pénétrer. Hier, en voyant tes fenêtres éclairées, j'ai failli traverser le jardin comme autrefois. Oui, un peu moins de lâcheté, et j'ouvrais la porte de ta chambre... Car je ne peux pas me plier à cette idée que mes droits d'amant ne sont plus les mêmes.

DOMINIQUE. — Ah! cesse de parler, mon ami. Tu vas me faire perdre la tête, et je t'assure que j'ai grand besoin de ma raison.

FRANÇOIS. — Toutes les folies sont déjà dans tes yeux!

DOMINIQUE. — Demain. Pas encore.

FRANÇOIS. — Je t'obéis.

DOMINIQUE, avec amour. — Patiente, et surtout ne sois pas jaloux! Jaloux, toi? Mais si tu as eu d'autres maîtresses, moi, je n'ai pas eu d'autre amant, et tu me retrouves telle que tu m'as laissée!

FRANÇOIS. — Eh bien, à demain, ma chère bienfaitrice!

DOMINIQUE, avec adoration. — Je te restitue tout mon être.

RIDEAU

ACTE IV

Même intérieur qu'à l'acte précédent. Un peu plus d'ordre dans la chambre. Une lampe allumée sur une table.

Scène première

ODILE, ANTOINETTE

Odile pose une lettre sur une table.

ANTOINETTE, entrant. — Mme Brienne est déjà partie ?

ODILE. — Elle monte en voiture à la minute. C'est étonnant que madame ne l'ait pas rencontrée.

ANTOINETTE, avec regret. — Je n'aurais pas dû prendre par l'église.

ODILE. — Quand madame désirera dîner, elle n'aura qu'à m'avertir.

ANTOINETTE. — Tout à l'heure, quand la petite rentrera. Elle est en ce moment chez Mme Hédouin, auprès de son père.

ODILE. — Madame a eu une bonne idée de l'envoyer à M. Bellangé.

ANTOINETTE. — Une bonne idée? Ah! ma pauvre Odile, on fait quelque fois de fameuses sottises à cause des enfants.

ODILE. — On n'a pas toujours le choix.

ANTOINETTE. — M. Prieur est-il revenu depuis que je suis sortie?

ODILE. — Non, madame.

ANTOINETTE. — Madame ne l'a pas revu?

ODILE. — Non.

ANTOINETTE. — Tu es bien sûre?

ODILE, dissimulant. — M. Prieur n'a pas reparu à la maison.

Scène II

LES MÊMES, MAURICE

ANTOINETTE. — Vous revoilà tout de même?

ODILE. — Docteur, il y a une lettre pour vous sur la table.

MAURICE, à Antoinette. — Vous permettez?

ANTOINETTE. — A votre aise.

MAURICE, lisant. — C'est un client.

Odile sort.

ANTOINETTE. — Vous manquez Dominique d'une seconde.

MAURICE, sa lettre à la main. — Je viens de la rencontrer. Elle a fait arrêter sa voiture sur la route et nous avons causé. J'étais revenu pour elle, mais je suis entré pour vous.

ANTOINETTE. — Vous avez vu mon mari?

MAURICE. — Je le quitte à l'instant.

ANTOINETTE, vivement. — Qu'est-ce qu'il vous a dit ?

MAURICE. — Il ne m'a pas parlé de vous, et, ma foi, je n'ai pas cru devoir prononcer votre nom. D'ailleurs, je ne l'ai entrevu qu'une minute à peine, juste le temps de lui annoncer la visite imminente de Dominique.

ANTOINETTE. — Je vous remercie.

MAURICE. — En ce moment, Mme Brienne doit plaider votre cause auprès de lui.

ANTOINETTE. — Vous savez ce dont il s'agit?

MAURICE. — Je devine.

ANTOINETTE, avec regret. — Et vous supposez que Dominique va réussir?

MAURICE, avec un peu d'amertume. — Tout me porte à le croire, si j'en juge par la tranquillité confiante de son attitude, par l'assurance heureuse de toute sa personne.

ANTOINETTE, presque à elle-même. — L'assurance heureuse!...

MAURICE, tristement. — Oui, quelque chose, très au fond de moi, m'avertit que Mme Brienne aura raison de votre mari, et que bientôt ma présence ici deviendra... superflue.

ANTOINETTE. — Qu'entendez-vous par ces mots?

MAURICE, balbutiant. — Je veux dire que, vos désirs une fois réalisés, vous n'aurez plus besoin de mon obligeance.

ANTOINETTE. — Ce n'est pas à cela que vous pensez!

MAURICE. — A cela... uniquement.

ANTOINETTE. — Pas tout à fait; d'abord, je le sais, ce que vous pensez. Vous avez peur, n'est-ce pas ? qu'une réconciliation entre mon mari et moi n'en provoque une autre entre Dominique et quelqu'un... que je ne nommerai pas.

MAURICE. — Vous vous trompez, madame.

ANTOINETTE. — Chacun ses pressentiments.

MAURICE. — Vous vous méprenez, je vous assure.

ANTOINETTE. — Oh! niez tant qu'il vous plaira. C'est votre devoir. Après tout, la délicatesse vous le commande. Mon opinion est faite.

MAURICE. — Je suis obligé de vous quitter, madame.

ANTOINETTE. — Voyons, docteur, est-ce que votre embarras, l'amertume de vos paroles ne contribuent pas à m'éclairer?... à m'éclairer sur les sentiments réciproques de Dominique et... de qui vous savez?

Un silence.

MAURICE, gauchement. — Pourriez-vous me dire s'il a vu Dominique tout à l'heure?

ANTOINETTE. — Je viens de poser la même question à Odile, et elle m'a répondu négativement.

MAURICE. — Vous l'avez interrogée sur ce point?

ANTOINETTE. — Oui.

MAURICE. — Moi aussi, à l'instant, j'avais envie de la questionner, mais je n'ai pas osé.

ANTOINETTE. — Je crois, monsieur, que nous souffrons tous deux de la même peine.

Un silence.

MAURICE. — Puisque vous ne souhaitiez pas franchement cette réconciliation avec votre mari, pourquoi donc avez-vous sollicité l'intervention de Mme Brienne? Car c'est bien vous, n'est-ce pas, qui avez réclamé son appui?

ANTOINETTE. — Peu importe! Il y a des services qu'on ne doit pas rendre, quand on doit en profiter.

MAURICE. — Prenez garde, madame, vous allez calomnier votre amie. Je ne sais pas ce que vous lui avez dit, ni ce que vous lui avez caché; mais ce dont je suis sûr, c'est que Mme Brienne est incapable d'une action douteuse, quelles que soient ses préoccupations personnelles. Sa conscience est indépendante de ses sentiments.

ANTOINETTE. — Dans une heure, vous la jugerez peut-être autrement.

MAURICE. — Adieu, madame.

ANTOINETTE. — Vous partez?

MAURICE, prêt à sortir. — Je ne veux rien entendre de plus contre Mme Brienne, même si à cette minute elle décide le malheur de ma vie.

ANTOINETTE. — Soit!

Odile entre et dépose un peignoir sur le canapé.

ODILE. — Justement, docteur, on vous demande...

MAURICE. — Pour aller à Viroflay? Je sais ce que c'est.

Scène III

ANTOINETTE, ODILE

ANTOINETTE. — Comme Dominique est longue!... Pourtant, Mme Hédouin demeure à deux pas.

Odile circule dans la chambre.

ODILE. — Je vais ôter ce peignoir, si madame veut s'étendre.

ANTOINETTE. — Sais-tu que ta maîtresse devient très coquette?

ODILE. — Elle peut bien faire comme les autres, elle est encore assez jeune pour ça.

ANTOINETTE. — Il y a six mois, elle était encore plus jeune, et elle n'y pensait guère.

ODILE, à part. — Qu'est-ce qu'elle murmure, celle-là?

ANTOINETTE, prenant un livre et essayant de lire. — Rousseau, *les Confessions!* Parbleu!

Elle jette le livre sur la table.

ODILE. — Prenez garde à ces petits livres, madame y tient beaucoup.

ANTOINETTE. — Un souvenir, sans doute. (A part.) C'est drôle, les choses ont aujourd'hui comme un air de fête. On dirait que la chambre attend quelqu'un.

Scène IV

ANTOINETTE, DOMINIQUE

ANTOINETTE. — Te voilà? Eh bien?

DOMINIQUE, fébrile et contente. — On ne te prendra pas ta fille.

ANTOINETTE. — Il consent?

DOMINIQUE. — Il est prêt à causer avec toi où et quand tu voudras. Tout de suite si tu le désires.

Elle l'embrasse.

ANTOINETTE, avec aigreur. — Tu as été très habile, je te félicite.

DOMINIQUE. — Ça n'a pas été commode, pour commencer. Il y a eu du tirage. Sans la visite d'Hélène, qui l'avait beaucoup ému, je ne sais trop comment les choses auraient tourné.

ANTOINETTE. — Bah! tu en serais venue à bout tout de même.

DOMINIQUE. — La voiture est à la porte. Si tu veux, arrange-toi un peu et je t'emmène.

ANTOINETTE. — Chez Mme Hédouin?

DOMINIQUE. — Où il se trouve. Tu as le temps de le voir avant qu'on se mette à table.

ANTOINETTE. — Tu n'y songes pas?

DOMINIQUE. — Vous aurez l'air de vous être rencontrés par hasard; et vous réglerez ensuite votre prochaine entrevue.

ANTOINETTE. — C'est facile à dire.

DOMINIQUE. — Vous causerez amicalement, comme causent aujourd'hui les gens divorcés. On le remarquera ou on ne le remarquera pas, ça n'a aucune importance.

ANTOINETTE. — Tu as raison.

Un silence.

DOMINIQUE. — Tu n'as pas l'air contente?

ANTOINETTE, haineuse. — Comme tu as réussi vite!

DOMINIQUE. — Est-ce un regret ou un blâme?

ANTOINETTE. — Un regret seulement.

DOMINIQUE. — Quand je te le disais que tu me reprocherais cette démarche!

ANTOINETTE. — Où vois-tu que je te reproche quelque chose?

DOMINIQUE. — Alors, pourquoi cette attitude étrange? A quoi penses-tu? Que signifie ce regard hostile que tu jettes sur moi et autour de toi?... Parle... Explique-toi.

ANTOINETTE. — Je regarde ton visage heureux et rajeuni, cette robe qui te fait plus jolie que d'habitude, cette chambre toute pleine de souvenirs. Je pense à ta présence imprévue dans cette maison, à certaines paroles bizarres que tu m'as dites, et je me demande si, en travaillant pour moi, tu n'as pas en même temps travaillé pour ton propre compte.

DOMINIQUE, éclatant. — Mais c'est une infamie que tu articules là! Je te défends de suspecter ma loyauté. Et, d'abord, de quel droit oses-tu fouiller dans mon cœur? Admettons que les bonnes dispositions de ton mari soient faites pour me réjouir... Eh bien, après?

ANTOINETTE. — Comment, après?

DOMINIQUE. — Où serait le mal? Qu'est-ce que je te prends. Que t'importent mes sentiments ou ceux d'un homme qui ne t'appartient plus.

ANTOINETTE, violemment. — Et s'il m'appartenait encore, cet homme, si je t'avais menti?

DOMINIQUE, stupéfaite. — Vous n'avez pas rompu?

ANTOINETTE. — Pas le moins du monde.

DOMINIQUE. — Tu es encore sa maîtresse?

ANTOINETTE. — Il est toujours mon amant, et la meilleure preuve c'est que demain nous devons nous voir.

DOMINIQUE. — Je ne te crois pas.

ANTOINETTE. — Demain à cinq heures, comme il me l'a demandé.

DOMINIQUE. — Je ne te crois pas! Tu te vantes.

ANTOINETTE. — Notre rupture n'a été qu'une invention de ma part, un expédient proposé par moi, accepté par lui pour te permettre de me réconcilier, voilà tout.

DOMINIQUE. — Quelle fourberie!

ANTOINETTE. — Et cette fois, ce que tu entends, c'est la vérité vraie

DOMINIQUE, avec révolte, avec horreur. — Ah! le mensonge, le mensonge, le mensonge! A chaque pas, à chaque minute, sur tous les visages, sur toutes les lèvres!

ANTOINETTE, confuse. — Que veux-tu!

DOMINIQUE. — Et ce misérable est entré là-dedans!...

ANTOINETTE, avec jalousie. — Misérable, François? Pourquoi misérable? Tu peux me condamner, moi, je le mérite; mais lui n'est pas si coupable que ça envers toi!

DOMINIQUE. — Ceci me regarde...

ANTOINETTE, avec jalousie. — A moins que, depuis tantôt, il ne se soit passé entre vous quelque chose que je ne sais pas!

DOMINIQUE. — Suppose ce que tu voudras, tes

mensonges m'ont rendu ma liberté, ma liberté tout entière, et je ne te dois compte de rien.

ANTOINETTE, *violemment.* — Tu l'as revu, n'est-ce pas? Il t'a dit qu'il t'aimait?

DOMINIQUE. — Ne me questionne pas davantage, tant pis pour toi.

ANTOINETTE, *affolée.* — Soit, je me soucie peu de tes secrets, d'ailleurs. Je suis tranquille; si tu es encore assez crédule pour l'écouter, il ne te gardera pas longtemps.

DOMINIQUE. — Malheureuse!

ANTOINETTE. — Va! c'est toujours le même homme qui t'a martyrisée et trompée tant de fois, et qui se glorifie d'avoir commencé ses trahisons huit jours après qu'il était ton amant!

DOMINIQUE. — Tu inventes!

ANTOINETTE. — Avec une femme de théâtre que tu connais.

DOMINIQUE. — Mlle Doyon?

ANTOINETTE, *perdant la tête.* — Mais tout à l'heure encore, dans un moment très tendre, il désavouait son attachement pour toi!

DOMINIQUE. — Tais-toi et sors d'ici, petite ingrate, tu m'as assez torturée.

Elle tombe assise et fond en larmes. Un long silence.

ANTOINETTE. — Tu pleures!

DOMINIQUE. — Ne m'approche pas!

ANTOINETTE. — Pardonne-moi, Dominique, la jalousie me rend abominable; je suis folle! Hélas! si je n'avais pas au fond du cœur la certitude que François t'aime, je n'aurais pas prononcé ces paroles atroces!

DOMINIQUE. — On réfléchit!

ANTOINETTE. — Car, en somme, il n'est resté mon amant que par faiblesse!

DOMINIQUE. — Je n'écoute pas ce que tu dis. Laisse-moi, hypocrite.

ANTOINETTE, *à genoux.* — Je suis sincère, je te le jure! Pardonne-moi.

DOMINIQUE. — Va-t'en! Tu m'as fait mentir à ton mari, manquer à l'amitié, manquer à moi-même. Je ne veux plus te voir!

ANTOINETTE. — J'ai commis une action indigne en abusant de ton affection, mais pas un seul instant je n'ai supposé que tu en pâtirais.

DOMINIQUE. — Tu connaissais M. Prieur, pourtant!

ANTOINETTE. — J'avais beau me défier de lui, je ne pouvais pas prévoir qu'il allait jouer si vite avec le cœur d'une femme comme toi. Et je ne parle pas du mien qui a moins d'importance.

DOMINIQUE. — Tu es trop modeste.

ANTOINETTE, *résolue, prête à sortir.* — Dans tous les cas, je ne serai pas davantage la complice ou la dupe de tant de trahisons. Je sais ce qui me reste à faire. Dieu merci, cette jalousie n'est qu'un accident, une crise passagère.

DOMINIQUE, *lui désignant son manteau.* — Ton manteau est là.

ANTOINETTE, *mettant son chapeau et son manteau.* — Je disparais de ta maison et de ta vie, puisque mon châtiment est de te perdre. Mais, avant de partir, je tiens à te le déclarer, je ne reverrai jamais cet homme.

DOMINIQUE. — Revois-le ou ne le revois pas, peu m'importe! Je ne vous connais plus ni l'un ni l'autre.

ANTOINETTE. — Va, ce n'est pas un sacrifice que je te fais. Ma nature s'accommode mal de toutes ces complications. J'aime encore mieux une vie paisible à côté de ma fille; même à côté d'un mari qui m'est indifférent.

DOMINIQUE. — Voici ta voilette.

ANTOINETTE. — Puisque, grâce à toi, cette existence est possible, je vais la recommencer.

DOMINIQUE. — A ton aise.

ANTOINETTE. — Raymond est chez Mme Hédouin, j'y vais.

DOMINIQUE. — Soit!

ANTOINETTE, *sur le seuil.* — Mais Hélène n'est pas encore rentrée; si elle revient pendant mon absence, j'espère que tu en prendras soin comme d'habitude.

DOMINIQUE, *la congédiant.* — Va donc, va donc!...

ANTOINETTE. — Ne t'inquiète pas; demain, nous serons parties toutes les deux.

DOMINIQUE. — Fais ce que tu voudras, moi, je serai peut-être partie dans une heure. J'ai hâte de sortir de cette boue... Ah! le mensonge, le mensonge!...

Antoinette sort. Dominique sonne, puis s'assied pour écrire. La lune, qui depuis quelques instants éclaire le jardin, se reflète dans la chambre.

Scène V

DOMINIQUE, ODILE

DOMINIQUE. — Cette lettre pour Mme Hédouin.

ODILE. — Tu n'y dînes pas? Décidément?

DOMINIQUE. — Que la voiture attende, si Mme Bellangé ne l'a pas prise.

ODILE. — Bien.

DOMINIQUE. — A quelle heure y a-t-il un train pour Paris?

ODILE. — A neuf heures.

DOMINIQUE. — Bon, laisse-moi.

ODILE. — Tu veux aller à Paris?

DOMINIQUE. — Je ne sais pas.

ODILE, *souriant.* — Encore des chagrins!

DOMINIQUE, *la rappelant.* — Dès que Maurice rentrera, qu'il vienne... qu'il vienne tout de suite. J'ai à lui parler... J'étouffe...

ODILE. — Et les autres?

DOMINIQUE. — Les autres?

ODILE. — M. Bracony et M. Béhopé... Faudra-t-il les faire entrer aussi?

DOMINIQUE. — Je préfère pas.

ODILE. — Est-ce que tout à l'heure, chez Mme Hédouin, ils ne t'ont pas encore répété des choses inutiles?

DOMINIQUE. — Je ne leur ai pas parlé. C'est à peine si je les ai aperçus là-bas... Ma tristesse ne vient pas de ce côté.

ODILE. — Ne me dis rien.

DOMINIQUE, *la congédiant.* — Va... (*Seule, fondant en larmes.*) Ah! pourquoi, pourquoi ai-je encore essayé d'être heureuse?

François paraît au fond.

Scène VI

FRANÇOIS, DOMINIQUE

DOMINIQUE, *se retournant avec surprise.* — Vous!

FRANÇOIS. — Voulez-vous me recevoir?

DOMINIQUE. — Comment! c'est vous?

FRANÇOIS. — J'ai deviné que vous étiez seule, et, comme la grille était entr'ouverte, j'en ai profité.

DOMINIQUE. — Vraiment, vous avez de l'aplomb...

Si vous croyez que je suis une passade que l'on peut s'offrir entre deux rendez-vous avec sa maîtresse, vous vous trompez.

FRANÇOIS. — Qu'est-ce que vous dites?... Ah! je comprends... la jalousie de Mme Bellangé a fait son œuvre.

DOMINIQUE. — Le chagrin de deux femmes a dérangé vos combinaisons, tout simplement.

FRANÇOIS. — On m'a calomnié auprès de vous ; toutes les apparences sont contre moi, mais je saurai me disculper.

DOMINIQUE. — Je n'écouterai pas vos mensonges.

FRANÇOIS. — Vous m'écouterez.

DOMINIQUE. — Je vous demande de sortir.

FRANÇOIS. — Je vous obéirai quand vous m'aurez expliqué pourquoi vous me chassez.

DOMINIQUE. — Je vous chasse, parce que vous vous êtes associé à une vilaine action, dans le dessein de conserver votre maîtresse et de m'obtenir par-dessus le marché.

FRANÇOIS. — Je ne suis pas tout à fait l'être indigne que vous supposez.

DOMINIQUE. — Je suis payée pour vous connaître.

FRANÇOIS. — J'ai été le complice de Mme Bellangé dans le piège qu'elle vous a tendu, c'est vrai; toutefois, je n'ai été son complice que par faiblesse, et uniquement pour reprendre ma liberté.

DOMINIQUE. — Vous mentez.

FRANÇOIS. — Pour me débarrasser d'elle.

DOMINIQUE. — Vous mentez.

FRANÇOIS. — Et je ne la reverrai pas.

DOMINIQUE. — Ce n'est pas ce qu'elle prétend.

FRANÇOIS. — Je ne la reverrai jamais, quoi qu'elle s'imagine, et malgré toutes les promesses qu'elle m'a arrachées.

DOMINIQUE. — Allons donc!

FRANÇOIS. — Quand je vous ai rencontrée ici, tout à l'heure, au moment où vous alliez sortir, je venais de lui dire un adieu que je considérais, moi, comme définitif. Si cet adieu n'était pas irrévocable sur mes lèvres, il l'était au fond de mon cœur.

DOMINIQUE. — Ça vous ressemble tellement que je devrais vous croire, mais vous ne me donnerez pas le change.

FRANÇOIS. — Je vous jure que je suis sincère. Pas une minute je n'ai eu l'idée de rester l'amant de Mme Bellangé, et encore moins celle de vous obtenir, grâce à une rupture simulée.

DOMINIQUE. — Continuez, si bon vous semble, je ne serai pas dupe de vos protestations.

FRANÇOIS. — Ah! comme le passé se retourne contre moi! Vous croiriez un autre homme, et vous ne me croyez pas quand je vous dis la vérité.

DOMINIQUE. — Non, je ne vous crois pas, je ne peux pas vous croire. Il ne fallait pas tant me faire souffrir autrefois, je serais plus crédule aujourd'hui. Tant pis pour vous, vous êtes un amant disqualifié!

FRANÇOIS. — Misérable que je suis, j'ai perdu votre amour!

Il s'assied et pleure.

DOMINIQUE, *attendrie.* — Puisque vous étiez résolu à quitter votre maîtresse, pourquoi ne l'avez-vous pas fait loyalement?

FRANÇOIS. — Parce que, juste au moment où j'allais le faire, je me suis trouvé en face d'une femme malheureuse et désemparée.

DOMINIQUE. — Il fallait avoir la cruauté que votre amour pour moi commandait.

FRANÇOIS. — J'ai été lâche, voilà mon crime.

DOMINIQUE. — Vous avez bien été cruel avec moi jadis, vous pouviez bien l'être avec une autre.

FRANÇOIS. — Je vaux peut-être davantage aujourd'hui.

Un silence.

DOMINIQUE, *s'animant.* — Dans tous les cas, en supposant que j'ajoute foi à vos explications, ce n'est pas à présent, c'était tout à l'heure, à notre première entrevue, que vous me deviez l'aveu de toutes ces manœuvres.

FRANÇOIS. — Je le reconnais.

DOMINIQUE, *avec indignation.* — Pourquoi m'avez-vous menti, quand je vous ai demandé si vous étiez libre? Pourquoi m'avez-vous abusée? Pourquoi?

FRANÇOIS. — Parce que je vous adorais. Le bonheur d'être aimé l'a emporté sur des scrupules secondaires.

DOMINIQUE. — Vous m'avez fait trop d'honneur!

FRANÇOIS. — Rappelez-vous vos tendres paroles, les paroles solennelles que vous avez prononcées, et mon trouble en vous écoutant.

DOMINIQUE. — J'aurais mieux fait de les étouffer, ces paroles, puisque vous n'aviez pas rompu formellement avec votre maîtresse. Ce qu'une femme dit quand elle croit un homme libre, elle ne le dit pas quand il est enchaîné, car vous avez beau vous trouver des excuses, il ne suffit pas de se considérer comme délié pour l'être. Ce serait trop commode. Vous ne le savez peut-être pas, mon cher, un pacte conclu entre deux personnes ne peut être annulé que du consentement de ces deux personnes.

FRANÇOIS. — Vous avez cent fois raison, mais, dans l'affolement, dans l'ivresse où j'étais, je n'ai pas pesé toutes ces choses. Je n'ai pas d'autre explication à vous donner. Quel homme, à ma place, n'aurait pas agi de même?

DOMINIQUE. — Vous ne comprenez donc pas que vous étiez tenu à plus de délicatesse qu'un autre, après tout le mal que vous m'aviez fait. Il ne devait y avoir entre nous aucun malentendu, aucune équivoque. Le plus léger mensonge vous était défendu.

FRANÇOIS. — J'en conviens, j'en conviens.

DOMINIQUE, *s'exaltant.* — Mais, pour vous conduire aussi loyalement, vous aviez trop peur de me perdre, vous étiez trop pressé. Une heure plus tard, je pouvais apprendre la vérité, et je vous échappais.

FRANÇOIS. — Ah! je n'ai pas tant raisonné!

DOMINIQUE. — Vous aviez envie de moi, n'est-ce pas? Il était nécessaire de m'arracher un rendez-vous tout de suite, coûte que coûte. Vous n'attendez pas, vous! Et la même impatience qui vous a poussé à mentir tout à l'heure vous ramène ce soir dans cette maison, où l'on ne vous réclamait que demain.

FRANÇOIS. — Oui, j'étais impatient de vous presser sur mon cœur.

DOMINIQUE. — Il est vrai que, demain, vous aviez un autre rendez-vous avec Mme Bellangé. Et, deux femmes sur les bras le même jour, ça vous aurait fait une après-midi un peu compliquée. J'en suis fâchée pour vous, mon cher, mais votre désir ne me suffit pas. Allez repêcher votre maîtresse et fichez-moi la paix!

Un silence.

FRANÇOIS. — Jamais je ne reverrai cette femme. Je vous l'ai déclaré, je la déteste, je la maudis.

DOMINIQUE. — Il y a quelques minutes, elle s'exprimait de même en parlant de vous. Heureusement, vous êtes faits pour vous entendre, et elle est prête à tous les pardons.

FRANÇOIS. — Ce n'est pas son pardon que je veux, c'est le vôtre.

DOMINIQUE, avec désespoir. — Reprenez-la, et qu'elle vous connaisse davantage. Qu'elle pâtisse à son tour! Qu'à son tour, elle soit insultée et trahie! Qu'elle subisse les attentes dans les fiacres, les humiliations publiques et cachées, tous les outrages, qu'elle soit piétinée, avilie!... Qu'elle soit battue à son tour!

FRANÇOIS. — Taisez-vous, Dominique, épargnez-moi.

DOMINIQUE. — Reprenez-la, vous dis-je, et mettez la terre entière dans la confidence de ses désespoirs. Faites lire ses lettres suppliantes par des catins ou des domestiques. Et demandez à vos camarades de vous suggérer des phrases romanesques, si vous êtes à court d'éloquence pour lui répondre.

FRANÇOIS. — Ah! les amis, les amis!

DOMINIQUE. — Comme ils avaient raison, les amis!

FRANÇOIS. — Hélas! vous auriez appris ces bassesses à l'heure où je les ai commises qu'elles seraient peut-être oubliées aujourd'hui, et que nous pourrions être heureux.

DOMINIQUE, éclatant en sanglots. — Il ne fallait pas déshonorer mes chagrins, sacrilège que tu es, et personne ne t'aurait dénoncé. Quand je pense que tu as profané ma tendresse, que tu as livré à des filles tous les secrets de mon âme et de mon corps! Quand je pense que tout à l'heure encore, à cette place, tu bafouais mon amour devant une créature vulgaire et bornée! Quand je pense que tu ne m'as pas été fidèle huit jours, non, pas huit jours, à moi qui n'ai pas regardé un homme depuis que je te connais!... Il était écrit que tu commettrais tous les crimes du cœur!

Elle tombe assise et pleure.

FRANÇOIS. — Eh bien oui, je les ai tous commis. Je suis le plus lâche des amants, le dernier des hommes, mais j'ai tant d'amour et tant de regret que je te supplie de me pardonner.

DOMINIQUE. — Je préfère que tu t'en ailles.

FRANÇOIS. — Quand je suis dans ta maison?

DOMINIQUE. — Je ne veux pas de toi.

FRANÇOIS. — Malgré toutes mes fautes, je t'aime à la folie et je ne puis me résoudre à te perdre.

DOMINIQUE. — Je ne veux pas d'un menteur.

FRANÇOIS. — Ecoute-moi, Dominique, par pitié!

DOMINIQUE. — Car menteur avec moi, ou menteur avec cette femme, il est certain que tu es un menteur, et la raison me commande de m'écarter de toi.

FRANÇOIS. — La raison! Pauvre femme qui parle de raison à une heure pareille!

DOMINIQUE. — Allons, ne t'exalte pas à ton tour, et va-t'en proprement, en beau joueur qui a perdu la partie.

FRANÇOIS. — Il est trop tard. Il y a une heure, il ne fallait pas me dire que tu m'aimais. Je reste.

DOMINIQUE. — Il y a une heure, c'était un autre homme qui était devant mes yeux. Maintenant tu as repris ton vrai visage. Je te retrouve!

FRANÇOIS. — Tu m'aimes, je le sais, je ne partirai pas.

DOMINIQUE. — Que je t'aime ou non, je suis à un moment de ma vie où la confiance et la sécurité me sont nécessaires. Tu m'apportes l'incertitude et le danger.

FRANÇOIS. — Je te rapporte l'amour.

DOMINIQUE. — Tais-toi, tu vas mentir encore.

FRANÇOIS. — Qu'importe que je sois un menteur, si tu m'aimes et si je t'aime? Serais-tu la première et la dernière à te laisser adorer par un scélérat? Est-ce qu'on juge, est-ce qu'on punit, est-ce qu'on chasse l'homme de certains soirs inoubliables, l'homme auquel on doit de connaître toute la douleur de cette vie et toutes ses félicités? Est-ce que notre histoire n'est pas celle de tous les amants? Presque tous se sont calomniés, trahis, déchirés, et presque tous se sont pardonné tant que leur passion restait vivante! Tu serais la plus infidèle, la plus méprisable des créatures que, moi, je te garderais.

DOMINIQUE. — Parce que tu t'imagines que l'amour est au-dessus de tout.

FRANÇOIS. — Oui, je le place au-dessus de tout.

DOMINIQUE. — Moi, j'ai besoin d'estimer ce que j'aime.

FRANÇOIS. — Alors, tu n'aimes pas assez!

DOMINIQUE. — Quand je me suis donnée jadis, je croyais que cela durerait. Aujourd'hui, je sais que cela finira.

FRANÇOIS. — Ambitieuse, qui réclames tout un avenir de bonheur, à qui le présent ne suffit pas!

DOMINIQUE. — Je ne veux plus souffrir!

FRANÇOIS. — Je t'ai fait tout le mal que je pouvais te faire.

DOMINIQUE. — Rappelle-toi tes paroles de l'autre jour, quand tu es revenu chez moi. « Si vous aviez la folie de m'aimer encore, m'as-tu dit, je vous ferais encore du mal. C'est ma destinée de mentir et de tromper. »

FRANÇOIS. — Je ne savais pas que tu allais m'aimer quand j'ai parlé de la sorte.

DOMINIQUE. — Allons donc! Tu avais le pressentiment de ma tendresse prochaine. C'est le seul mouvement généreux que je t'aie jamais vu.

FRANÇOIS. — Soit ; mais je n'ai pas encore été aussi cruel que tu l'es en ce moment.

Un silence. Il pleure.

DOMINIQUE, sans violence, mais avec amertume. — Et puis, à quoi bon recommencer? Que de misères si je te cède!... Que d'infamies nouvelles!

FRANÇOIS. — Je réponds de ton bonheur.

DOMINIQUE. — Demain, tu pleureras ta liberté, et, avant huit jours, tu riras de moi dans le lit d'une autre femme!

FRANÇOIS. — Ce temps-là est fini.

DOMINIQUE. — Oh! tu n'auras peut-être pas le courage de rompre tout de suite après tant de supplications... mais tu maudiras tes serments.

FRANÇOIS. — J'ai changé.

DOMINIQUE. — On ne change pas!... Plus tu te seras engagé, plus tu m'exécreras... Tu m'en voudras de mon silence et de mes paroles, de mon orgueil et de ma soumission.

FRANÇOIS. — Tes prédictions sont folles!

DOMINIQUE. — Encore une fois j'entendrai toutes les phrases qui précèdent et qui suivent les infidélités. De nouveau j'entendrai tous tes mensonges, jusqu'au jour où tu ne prendras même plus la peine de mentir.

FRANÇOIS. — Tu ne te souviens que des heures mauvaises.

DOMINIQUE. — Oui, le jour viendra où tu me féliciteras de ma clairvoyance, si j'ai l'air de m'apercevoir de tes trahisons, et où tu railleras ma crédulité, si je feins de les ignorer...

FRANÇOIS. — Comme tu me juges!

DOMINIQUE. — Tu te lasseras avant moi de l'hypocrisie. Tu m'instruiras toi-même de mon malheur. Malgré moi, de force, tu m'ouvriras les yeux.

FRANÇOIS. — Je ne serai pas un tel bourreau.

DOMINIQUE. — Et quand tu seras bien fatigué de ma résignation, tu provoqueras ma révolte afin d'avoir l'occasion de t'en aller, en me laissant quelques torts, en emportant quelques griefs, car tu seras assez lâche pour vouloir avoir raison. (Elle pleure.)

FRANÇOIS. — Tais-toi, tu m'insultes, tu me calomnies. On n'a pas ce machiavélisme quand on adore sa maîtresse.

Un silence.

DOMINIQUE, avec douleur. — Encore si la droiture et le dévouement d'une femme comptaient pour quelque chose à tes yeux, je t'écouterais peut-être, j'essaierais...

FRANÇOIS. — Essaie, je t'en supplie.

DOMINIQUE, s'exaltant dans l'amertume. — Mais tout ce que j'ai de noble et de bon dans l'âme et qui attacherait le plus indifférent est inutile avec toi. Tu ris des qualités des autres...

FRANÇOIS. — Je ne réclame que ton amour.

DOMINIQUE. — Le plaisir est ton seul lien. Ta vie n'est qu'une succession de moments. Tu suis ton instinct avec égoïsme. Tu n'as besoin de personne, toi! Tu es un être sur lequel on n'a aucune prise, un être changeant, un cœur facile et passager. On tient un ambitieux, on tient un fat, on tient même un coquin, on ne tient pas un homme léger. (Elle pleure.)

FRANÇOIS. — Eh bien, fais de moi un autre homme alors, conseille-moi, transforme-moi, puisque mon amour ne te suffit pas ; régénère mon cœur et ma conscience.

DOMINIQUE, avec regret, avec désespoir. — Pourquoi me vouloir? Qu'ai-je à t'offrir de si tentant? Mais, tu ne me vois donc pas? Tu ne m'entends donc pas? Mon corps est usé par le chagrin, et mon âme est à jamais incrédule.

FRANÇOIS. — Je t'aime telle que tu es.

DOMINIQUE. — J'avais dix ans de moins quand je t'ai rencontré. Comment veux-tu que je sois la plus forte aujourd'hui, quand je ne l'ai pas été autrefois! Comment veux-tu que j'aie plus de chance à présent?

FRANÇOIS. — Tu n'as plus besoin de chance ni d'habileté, puisqu'à présent tu es adorée.

DOMINIQUE. — Des mots! Va, je ne sais pas ce qui peut me faire aimer, mais je sais bien ce qui peut me faire détester. Je te connais. Tu n'es pas homme à te passer de beauté. Il n'y a que ce que je vaux comme femme, et physiquement, qui ait de l'importance avec un débauché. Et qu'est-ce que je vaux maintenant?

FRANÇOIS. — Ton visage fidèle est plus beau que les autres.

DOMINIQUE. — Tu me trouves belle, parce que tu ne m'as pas encore. Quand tu m'auras reprise, tu raisonneras autrement.

FRANÇOIS. — Je dirai la même chose ; car cette fois, ce n'est plus une inconnue que je désire.

DOMINIQUE, avec exaltation, avec douleur. — Il ne reste que mon cœur, en fait de séductions, mon pauvre cœur maladroit, mon cœur plein de révolte et d'imprudence. Je peux souffrir plus qu'une autre, voilà mon unique supériorité, mon dernier prestige.

FRANÇOIS. — Tu oublies toujours mon adoration.

DOMINIQUE. — Malheureuse que je suis! je t'aime et je ne suis plus jeune.

FRANÇOIS. — Tu m'aimes! Je ne retiens que ce mot sacré.

DOMINIQUE. — Ah! quelle douleur atroce de penser que j'ai eu vingt ans, que j'ai été belle, et que c'est fini, fini pour jamais!

FRANÇOIS. — Non, non.

DOMINIQUE. — Dire que tous les jours qui viendront vont diminuer mon pouvoir, que chaque jour va me déformer davantage! Demain, quoi que je fasse, je serai plus vieille qu'aujourd'hui, moins désirable. Demain, j'aurai quarante ans.

FRANÇOIS. — Demain, tu auras un amant qui t'aime.

DOMINIQUE. — Et je ne peux rien contre ma ruine! Et si je redeviens la maîtresse de cet homme, j'aurai toujours fixé sur moi, heure par heure, son regard implacable, témoin de ma destruction!

FRANÇOIS. — Tu n'envisages que les choses douloureuses.

DOMINIQUE. — Si seulement tu ne m'avais pas connue autrefois, si j'étais nouvelle pour toi! Mais, tous les baisers, je te les ai donnés, toutes les paroles d'amour, je te les ai dites.

FRANÇOIS. — Toutes les paroles d'amour, tu ne les as pas entendues ; tous les baisers, tu ne les a pas reçus.

DOMINIQUE. — Ah! ma jeunesse, ma jeunesse! l'avoir perdue pendant que tu n'étais pas là! Ne plus la tenir à l'heure où enfin tu m'aimes, à l'heure où j'ai tant besoin d'elle. Hélas! hélas! je voudrais te donner toute ma vie, et je suis à peine assez belle pour un caprice. Pourquoi reviens-tu si tard, ou pourquoi es-tu parti?

FRANÇOIS, la serrant dans ses bras. — Je te défends de regarder en arrière. Ici, dans cette chambre, il n'y a ni jeunesse présente, ni jeunesse passée. Il y a deux êtres qui s'adorent et qui recommencent, voilà tout... Et puis, laissons-le venir, ce jour lointain que tu redoutes! Moi, je l'attends avec sérénité. Tu peux être jeune, tu peux ne pas l'être, tu peux ne plus l'être, je ne vois pas, je ne verrai pas, je ne verrai jamais. D'ailleurs, quoi qu'il rarive, je serai toujours mieux partagé que les autres, s'il me reste ton cœur de génie.

DOMINIQUE. — Ce n'est pas la jeunesse.

FRANÇOIS. — Ce sont les cœurs comme le tien, qu'on les découvre tôt ou tard, ce sont les cœurs comme le tien qui perpétuent l'enthousiasme et qui renouvellent le désir. Ne crois pas que ton cœur soit un don négligeable. C'est en lui que réside le triomphe de toute ta personne, et c'est vers lui que je me précipite, en m'emparant de ta beauté. Ton âme est à l'abri du temps.

DOMINIQUE. — Mon cher amant!

FRANÇOIS. — Ma Dominique!

DOMINIQUE, s'échappant de ses bras. — Non, non. Je ne veux pas. Oh! tant que je m'appartiens encore, sois bon, épargne-moi.

FRANÇOIS. — Toutes tes supplications sont des baisers perdus.

DOMINIQUE. — Ne fais pas de moi ta maîtresse, je t'en supplie à genoux.

FRANÇOIS. — Tu es à moi. Tu m'appartiens de droit, nous sommes marqués l'un pour l'autre.

DOMINIQUE. — Mais tu sais bien qu'après cela je vais t'adorer, et que demain je ne pourrai plus vivre sans toi.

FRANÇOIS. — Si tu te refuses, c'est que tu ne m'aimes pas.

DOMINIQUE. — J'ai peur de l'homme que tu es!

FRANÇOIS. — Quelle est la femme vraiment éprise que la crainte de souffrir empêche de se donner? Il y a quelque chose de plus cruel encore que la jalousie et la trahison, c'est le départ de l'être aimé, c'est mon départ!

DOMINIQUE, se jetant dans ses bras. — Je ne veux pas que tu t'en ailles.

FRANÇOIS. — Alors, ne te refuse pas davantage.

DOMINIQUE. — Eh bien, eh bien! fais de moi ce que tu veux, puisque vraiment tu m'aimes.

FRANÇOIS. — Oh! je te remercie de consentir, je te remercie de me croire.

DOMINIQUE, tombant assise. — Oui, je te crois, tu m'as convaincue, je t'absous.

FRANÇOIS. — Je te bénis.

DOMINIQUE. — En somme, tous les jours du passé n'étaient pas des jours mauvais. Et puis, si tu me martyrises de nouveau, si je te perds encore une fois, je mourrai, voilà tout.

FRANÇOIS. — Ne tremble plus.

DOMINIQUE, craintive et radieuse. — Oh! mon angoisse n'a pas complètement disparu, mais j'ai le cœur plein de joie, et je trouve que je n'ai pas encore assez souffert, pour cette minute de bonheur que tu me donnes.

FRANÇOIS. — Ma chère maîtresse!

DOMINIQUE, se dérobant. — Oui, mais pas ici, ailleurs.

FRANÇOIS. — Pourquoi?

DOMINIQUE. — A cause d'eux, je préfère.

FRANÇOIS. — Tu médites de m'échapper encore.

DOMINIQUE. — Tu es fou, je t'adore. Tiens, emmène-moi, emporte-moi, disparaissons.

FRANÇOIS. — Alors, viens tout de suite.

DOMINIQUE. — Justement, ma voiture est là.

FRANÇOIS. — Sauvons-nous, avant que les autres ne reviennent.

DOMINIQUE, s'apprêtant à sortir. — Je ne regretterai pas cette maison. J'y fus trop malheureuse.

FRANÇOIS. — Enfin, me voilà redevenu ton maître.

DOMINIQUE. — Mon maître idolâtré... Tu vas m'enfermer, n'est-ce pas? N'importe où, dans un endroit où je ne verrai que toi, uniquement; qu'on ne soupçonne pas ce que je suis devenue. Je suis impatiente de mystère et de solitude.

FRANÇOIS. — Moi aussi.

DOMINIQUE. — Et, une fois les choses arrangées, nous retournerons en Italie.

FRANÇOIS, éperdument. — En attendant, Paris est assez généreux pour abriter notre amour. Et, d'ailleurs, je sais où te cacher.

DOMINIQUE, allant et venant. — Tu sais où tu m'emmènes?

FRANÇOIS, éperdument. — Ne me blâme pas trop, mon amie; mais du jour où je t'ai revue, depuis ton dernier pardon, je n'ai pas cessé de penser à ce moment que tu réalises: je m'étais juré de te reconquérir, j'étais sûr que cette heure enchantée sonnerait; et, dans mon orgueil, je m'étais assuré d'un coin tranquille et secret...

DOMINIQUE, le dos tourné, s'arrangeant devant une glace. — Tu étais certain de ma faiblesse?

FRANÇOIS, éperdument. — Et pour toi, pour toi seule, il existe une petite maison, près du Bois.

DOMINIQUE, se retournant tout à coup. — Près du Bois?

FRANÇOIS, éperdument. — A Saint-James.

DOMINIQUE. — A Saint-James? (Avec horreur.) Tu mens!

FRANÇOIS. — Dominique!

DOMINIQUE. — Tu mens!... Ce n'est pas pour moi seule qu'existe cette maison. C'est pour une autre que tu l'as choisie!

FRANÇOIS. — Mon Dieu!

DOMINIQUE. — La maîtresse que tu y cachais a été aussi la maîtresse de Mariotte et elle lui a tout raconté. Et c'est dans le lit de cette femme que tu voulais m'avoir, dans un lit profané! Voilà ton amour! Malheureux que tu es, tu viens de ressusciter toutes tes infamies par ce dernier mensonge, et tu me restitues ma raison.

FRANÇOIS. — Dominique!

DOMINIQUE, avec horreur. — Va-t'en, cœur public!

FRANÇOIS. — Dominique! pardonne-moi; pour un instant de folie, ne brise pas notre vie à tous les deux.

DOMINIQUE. — Va-t'en, le bonheur est impossible avec toi. Puisque tu mens à cette minute sacrée, tu dois mentir depuis une heure, tu mentiras éternellement.

FRANÇOIS. — Faut-il que tu aies souffert pour être aussi implacable!

DOMINIQUE, saisissant une arme. — Si tu fais un pas, je suis capable d'en finir.

FRANÇOIS, prêt à sortir. — C'est moi qui me tuerai.

Scène VII

LES MÊMES, MAURICE

MAURICE. — Vous m'avez fait demander?

DOMINIQUE. — Ah! c'est vous, Maurice, c'est vous! (Un silence. Les présentant l'un à l'autre.) M. Prieur, le docteur Arnault.

MAURICE, s'inclinant. — Monsieur...

DOMINIQUE. — M. Prieur retourne en Angleterre. Il était venu me dire adieu.

FRANÇOIS, à Dominique. — Je n'aurai pas été longtemps votre voisin. (Sortant.) Adieu, Dominique.

DOMINIQUE. — Adieu, François. (Bas, à Maurice.) Pourvu qu'il ne se tue pas!

MAURICE. — Rassurez-vous, avant quarante-huit heures, il rencontrera une jolie femme quelconque, et il poursuivra sa carrière d'amant. (François sort.)

DOMINIQUE. — Vous croyez?

Scène VIII

MAURICE, DOMINIQUE

MAURICE. — Maintenant, puis-je savoir ce que vous aviez à me dire?

DOMINIQUE. — A vous dire?...

MAURICE. — Rien?...

DOMINIQUE, avec égarement. — D'être là.

MAURICE. — Hélas! vous l'aimerez toujours.

DOMINIQUE. — Si je l'aimais autant que vous le pensez, je ne l'aurais pas laissé partir. J'aurais eu plus de courage.

RIDEAU

la chronique dramatique comptait et compte toujours parmi les plus considérables : la *Revue des Deux Mondes*, *le Temps*, le *Journal des Débats*.

Dans la *Revue des Deux Mondes*, après la représentation de l'Odéon, Jules Lemaître, si perspicace, — le plus perspicace, — déclarait :

« *Le Passé* est une comédie que l'on devine supérieure à ce qu'elle paraît et qui, à cause de cela, n'est pas très facile à juger... Elle est beaucoup plus intéressante par la force et la subtilité d'esprit de l'auteur que par les personnages eux-mêmes. »

Mais ceci était précisément une conséquence — et Jules Lemaître s'en était bien aperçu — de la faiblesse de l'interprétation.

Francisque Sarcey, avec sa conscience habituelle, ne se contenta pas d'assister à la première représentation, — qui tenait lieu véritablement alors de l'actuelle répétition générale. — il revint assister à une représentation ultérieure. Son jugement se trouva ainsi en partie modifié et mieux assis. Il constata d'abord que le public était bien plus animé, et il put écrire dans *le Temps* du 10 janvier 1898 :

« Le public a applaudi de meilleur cœur. Pour moi, personnellement, j'ai goûté un plaisir bien plus vif. Je n'avais plus à m'occuper du drame que je connaissais ; je pouvais à mon loisir goûter le détail qui est presque toujours délicieux. »

Après certaines réserves sur la préparation insuffisante, à son avis, de certains effets, — toujours les vieilles formules, — sur l'audace alors effectivement grande de certaines situations, il déclarait :

« Ce qu'on ne saurait trop admirer dans cette pièce, c'est le dialogue, qui est toujours d'une nervosité et d'une vibration singulières. »

Au *Journal des Débats*, le même Emile Faguet fit la critique de la pièce en 1897 et en 1902. Il fut très dur — le plus dur — la première fois du moins, car il escamota son compte rendu, concluant par ces mots, en fin de chronique, le 3 janvier 1898 :

« ... M. de Porto-Riche, qui est un homme du plus grand talent, prendra sa revanche avant peu. »

Il la prit, en effet, moins de cinq ans plus tard, à la Comédie-Française, avec cette même pièce, réduite d'un acte, il est vrai, — quatre actes au lieu de cinq. Et Faguet enregistra avec la plus parfaite bonne foi que :

« ... La pièce a réussi ; le succès en a même été assez franc... »

Et consacrant cette fois dix colonnes de feuilleton à cette œuvre. Emile Faguet faisait remarquer sa valeur comme terme d'une évolution dans l'analyse dramatique et dans la présentation scénique de l'amour :

« C'est l'extrême opposé à celui de Corneille. Pour les hommes de 1630 — et Corneille, Pascal et Descartes sont absolument d'accord sur ce point — l'amour est une forme de la raison. On aime par raison ; on aime pour les raisons qu'on a d'aimer. On aime quelqu'un pour ses qualités, pour ses vertus, pour ses charmes, par l'effet de l'admiration qu'il vous inspire. On l'aime, en vérité, par raison en ce sens qu'on se démontre à soi-même combien il est raisonnable de l'aimer, et c'est cette démonstration que l'on se fait qui est la « cristallisation » de 1670.

» A l'autre extrémité, en 1897 ou en 1902, on aime par pure folie, ce qui n'est malheureusement pas faux non plus, mais on aime en se rendant compte de sa folie et en y puisant une raison d'aimer. On ne dit pas tout à fait : « Je le méprise, donc je l'aime », au lieu de dire : « Je l'admire, donc je » l'aime ». Mais on dit : « Je le méprise » et pourtant je l'aime. Donc, faut-il » que je l'aime !... Aimons-le donc ! » Et l'on prend ainsi l'indignité de l'amour pour la pierre de touche de la sincérité de l'amour. »

Et Faguet convenait qu'il y a des femmes qui sont ainsi, mais considérait que ce sont des malades. Et il ajoutait :

« Je reconnais que, sa triste maladie, Dominique trouve pour la décrire des mots puissants et profonds qui ne sont pas d'un auteur médiocre et qui, quelquefois, font frissonner... »

En 1902, Gustave Larroumet avait succédé à Francisque Sarcey au rez-de-chaussée du *Temps*. Il rappelait d'abord, comme la plupart de ses confrères, que la pièce, à l'origine, avait été si mal jouée qu'elle avait laissé l'impression d'une épreuve à recommencer, la valeur de l'œuvre étant néanmoins restée assez visible pour qu'on pût lui souhaiter une revanche et l'espérer.

Larroumet constatait ensuite que cette revanche était si complète et si éclatante qu'elle prenait les proportions d'un triomphe :

« Voilà donc une maîtresse pièce. Mais, en dehors de ses qualités d'invention et d'exécution, quelle est son originalité essentielle ?

» Cette originalité me paraît consister, comme celle d'*Amoureuse*, dans la franchise et la hardiesse avec laquelle l'auteur analyse et peint l'amour. Certes, il n'a pas inventé l'éternelle passion et, depuis les origines du théâtre moderne, elle en est le principal ressort. Mais nombre d'auteurs dramatiques emploient l'amour sans le définir : chez eux, il est parce qu'il est ; ils le supposent comme dans son essence et ils ne montrent que ses effets. D'autres justifient à l'envi la définition fameuse que « l'amour est une sensa» tion perfectionnée par la littérature » ; ils l'enguirlandent de tout ce dont la pudeur, la recherche sentimentale, les raffinements de la vie sociale ont voilé sa nature essentielle. L'âme et le cœur y priment les sens. Surtout ils s'efforcent de dissimuler ce qu'il a de foncièrement brutal, féroce et dangereux.

» M. de Porto-Riche — rappelons que Larroumet écrivait ceci en 1902 — est de ce groupe de jeunes écrivains qui, à travers la parure littéraire et sociale, n'ont pas craint de montrer l'amour tel qu'il est, dans son essence primitive et constante... Mais M. de Porto-Riche est le premier qui, avec *Amoureuse*, ait abordé

Béhopé. François. Bracony. Mariette. Dominique.

Scène de l'acte II (*page 29*).

François et Antoinette. — Scène de l'acte II (*page* 25).

la peinture de l'amour en rejetant également les pudeurs façonnières et les polissonneries égrillardes, pour le montrer sous le seul aspect de la vérité. On l'a dit « amoral » ; il est moral à sa manière, car rien n'est plus moral que la vérité. »

En 1902, Jules Lemaître avait renoncé à la chronique dramatique pour consacrer ses dernières années à des travaux personnels ; et la *Revue des Deux Mondes* ne parla pas du *Passé*. En 1921, M. René Doumic se contente de signaler que cette pièce, entrée à la Comédie-Française en 1902, « est trop connue pour qu'il y ait lieu de l'étudier à nouveau ».

Au contraire, après Sarcey et après Larroumet, dans *le Temps*, M. Brisson signale que, cette fois, les scènes capitales ont produit un effet considérable. Et il écrit fort justement :

« Il ne faut pas écouter *le Passé* comme une pièce quelconque d'un de nos grands dramaturges. L'œuvre compte parmi celles qui exigent chez le spectateur une sensibilité active et avertie. Il faut considérer l'importance primordiale que tient dans l'histoire littéraire moderne le « théâtre d'amour ». Il faut se rappeler que *le Passé*, comme *Amoureuse*, marque une date dans l'évolution dramatique contemporaine.

» L'art de M. de Porto Riche a fait école. Son esprit a exercé et exerce encore une influence profonde ; il a marqué une forte empreinte sur les jeunes générations intellectuelles. »

Enfin, pour donner encore l'opinion de quelques autres critiques notoires de la presse actuelle, M. Antoine, dans *l'Information*, déclare qu'il tient *le Passé* pour l'une des trois ou quatre pièces mères de notre époque.

M. Pierre Mille (*la Renaissance*) tient de même *le Passé* pour l'une des plus grandes, des plus profondes œuvres, l'une des plus riches en observation, des plus méditées et des plus violentes, de notre théâtre des cinquante et peut-être des cent dernières années :

Dominique et François. — Acte IV (*page* 40).
Photographies Sabourin.

« Mais il faut arriver au *Passé* comme à une pièce classique ; je veux dire *en la sachant d'avance*. Ou bien y retourner, si on ne la connaissait point. Je demeure persuadé qu'à une seconde audition le spectateur, éclairé, attiré par le souvenir des scènes suprêmes et capitales de l'œuvre, comprendra ce qu'il n'avait pas compris la première fois, s'intéressera dès lors au moindre mot, à la moindre réplique : car tous portent, et toutes sont chargées de sens. »

« On songe maintes fois, en écoutant *le Passé*, aux grands historiens du cœur, aux Racine, aux Marivaux et aux Musset », dit de même M. Fernand Gregh dans *Comœdia*.

« Un des chefs-d'œuvre du Théâtre moderne », déclare de son côté M. Henry Bidou dans le *Journal des Débats*.

M. Robert de Flers estime que *le Passé* n'aurait jamais dû quitter l'affiche de la Comédie-Française :

« Il est bien probable, en effet, — écrit-il dans *le Gaulois*, — que les plus grandes, les plus belles paroles d'amour qui aient été dites au théâtre l'ont été dans cette pièce.

» *Le Passé* égale M. Georges de Porto-Riche aux grands maitres qui ont dédié leur génie à la dévotion de l'amour et, quand ils le pouvaient, à son observation. Il est fort probable que *le Passé* restera définitivement à notre répertoire. Il faut le souhaiter aussi bien pour ceux qui le savent par cœur que pour ceux qui l'ignorent encore. »

La presque totalité des critiques actuels, entre autres MM. Edmond Sée, Régis Gignoux, Robert de Beauplan, étudient et commentent cette œuvre avec la plus déférente admiration.

***

Un des grands attraits de cette reprise était l'interprétation du personnage de Dominique par Mme Simone qui, pour ses débuts à la Comédie-Française, avait choisi ce rôle, un des plus importants et des plus redoutables assurément du répertoire, ancien ou moderne. Sans perdre un instant le contrôle de son talent magistral, elle le joue avec la nervosité tendue à laquelle on pouvait s'attendre, mais aussi avec une sensibilité frémissante et toute l'ardeur d'une passion exaspérée et déchirée. Un très remarquable succès pour cette très belle artiste.

GASTON SORBETS.

Le Directeur : RENÉ BASCHET. — Imp. de *L'Illustration*, 13, rue Saint-Georges, Paris (9e). — L'Imprimeur-Gérant : A. CHATENET.

www.ingramcontent.com/pod-product-compliance
Lightning Source LLC
LaVergne TN
LVHW012014160826
845678LV00002B/838

* 9 7 8 2 3 2 9 6 5 7 4 2 4 *